AF566038

Rohrbacher Straße 18, D-69115 Heidelberg
www.wunderhorn.de

Umschlagabbildung:
© Galleria Borghese, Rom/Foto Mauro Coen; Inv.147:
Tizian, *Amor sacro e Amor profano*

Gestaltung & Satz: Leonard Keidel
Druck: NINO Druck GmbH, Neustadt/Weinstraße
ISBN: 978-3-88423-684-0

Klaus Zimmermann

Zwischen Irdischem und Himmlischem

–

Reflexionen zur Metaphysik

Wunderhorn

Vorwort 7

Vom Grund der Fragen 11

Die flache, leere Welt 41

Transzendenz 73

Sein, Sinn und Nichts 91

Von möglicher Schönheit 161

Durchgang und Schluss 177

Vorwort

Der Mensch, wie er ist, ist kein Wesen der Ruhe. Kaum, dass er sich im Irdischen eingerichtet hat, tritt eine Unruhe ein, die umso mehr ihn ergreift, je tiefer er in sich die Nachdenklichkeit treiben lässt. Es drängen sich ihm die Fragen auf nach Seele, Gott, nach Sein und Nicht-Sein, Endlichkeit, nach dem Absoluten und der Berührung mit einem »Heiligen« oder »Göttlichen« vielleicht, nach dem Grund der Dinge. Die Fragen sind in solch fordernder Natürlichkeit in der menschlichen Natur angelegt, dass nur eine verdrängende Weigerung, eine stumpfe Achtlosigkeit oder absichtsvolle Banalisierung sie beiseiteschieben können. Es sind, wenn sie nicht von der Religion und dem Glauben aufgefangen werden, die Fragen der Metaphysik.

Kein anderer Bereich hat in der Geschichte des Denkens so sehr bewegt wie die Metaphysik. Es ist die neueste Zeit, die ihr das Existenzrecht abgesprochen hat und ein »nachmetaphysisches Denken« an die Stelle setzen will, in dem die Vernunft – genauer: die Verfahrensrationalität – gilt und sonst wenig. Keine der Fragen aber, die die Metaphysik stellt, kann mit bloßer Vernunft angegangen werden. Die Fragen der Metaphysik bleiben und sie allein, indem sie gestellt werden, sind es, die dem Leben Gewicht, den Menschen Würde, dem Handeln Sinn geben können.

Dem, der heute nach solchen Fragen in der Philosophie der Gegenwart sucht, erscheint die Lage auf den ersten Blick recht trostlos. Rationalität, Maschinenlogik, Informationstechnologie lassen der Nachdenklichkeit wenig Raum. Die Religion, ehedem mit der Metaphysik im Bunde, steht schwach und verliert an Bestimmungskraft für das Leben der Menschen. Die großen Ideen wie Sozialismus oder Marxismus haben ihre Anziehungskraft im Verlauf der Geschichte eingebüßt. Und die Philosophie, genauer: das, was von ihr geblieben ist, verfügt sie über mehr als eine Randexistenz? In ihr ist Metaphysik weitgehend identisch mit »Geschichte der Metaphysik«, denn Metaphysik mit Breite und Bedeutung kann es in einer Gegenwart, die von Positivismus und Empirismus bestimmt wird, nur schwer geben. Die modernste Moderne hat die Quellen so versiegen lassen, dass der Begriff schon des metaphysischen Denkens oder Empfindens auf Verwunderung und Unverständnis stößt.

Und doch bleiben die Fragen mit ganzem Gewicht. Welche Stellung lässt sich einnehmen zu den großen Fragen der Metaphysik? Gibt es einen Raum zwischen dem Irdischen und dem Himmlischen, einen Raum, in den die Transzendenz geht und die Frage, ob das, was ist, alles ist. Diese Fragen zu stellen, ist nicht Ausdruck einer persönlichen Neigung. Man kann mit guten Gründen die Meinung vertreten, dass eine Gesellschaft, die jede Art von Metaphysik abgestreift hätte, arm und flach und kalt wäre. Mit der Fähigkeit zum nachdenklichen Fragen würde auch ein wesentlicher Teil dessen abgehen, was das menschliche Leben, seine

Tiefe, seinen Wert, seine Großartigkeit und das Staunen darüber ausmacht.

Der folgende Text mit all dem Bruchstückhaften, Unfertigen, den Widersprüchen, Wiederholungen, Neuansätzen, Umkreisungen soll ein Versuch sein, solches Nachdenken ins Recht zu setzen, indem er an das erinnern will, was Metaphysik war, und darzustellen sucht, was sie im Grunde – in einem gewissen weiten Verständnis – zur Notwendigkeit macht. Der Text will nicht mehr sein als eine Sammlung von Reflexionen, die, nur lose geordnet, kein System, keine Bemühung um »Wissenschaftlichkeit« bedeuten wollen, sondern nur Anregungen zum Nachdenken, zur Auflehnung vielleicht gegen ein Verständnis in der Moderne, das im Begriff ist, den Sinn für das, was doch ein Bedürfnis der Menschennatur ist, ganz sich verlieren zu lassen.

Vom Grund der Fragen

1

Was ist's für ein Sein, in dessen Innerstem stets der Keim des Nicht-Seins ist? Kann das Bewusstsein sein eigenes Nicht-Sein denken?

Gibt es hinter der Veranstaltung des Lebens einen Sinn? Eine Sinninstanz? Einen Gott?

Soll ich mich einrichten in Beständigkeit und Dauer oder auf das Ephemere der Existenz mit seiner Neigung zum Nicht-Sein?

Ist, dass ich bin, von einer höheren Instanz verbürgt oder muss ich mich eher als einen Zufall, eine Laune der Natur nehmen, in keinem höheren Sinn gegründet, von keinem getragen?

Kann ich mich nach Bewusstsein und Lebensführung tragen lassen von einer wohlgefügten Ordnung? Woher stammen die Gesetze der Natur? Was ist ihr Geltungsgrund?

Kann eine Suche nach Wahrheit mich leiten oder muss ich mich mit Richtigkeit im Konkreten begnügen?

Schwebe ich frei im Raum des Lebens oder schafft eine unsichtbare Hand mit gelegentlichem Eingriff das, was sich Schicksal nennt?

Schreckt nicht der Gedanke der Unendlichkeit mehr als der der Endlichkeit, nicht die Vorstellung der Grenzenlosigkeit mehr als die der Grenze?

Wo komme ich her, wer bin ich hier, wohin soll mich das Leben und ich das Leben führen?

Woher kommt die Schönheit der Welt und des Lebens und die Fähigkeit, sie wahrzunehmen?

Woher kommt die Fähigkeit des Menschen, über seine Existenz in der irdischen Welt hinaus zu denken?

Sind wir gleichzeitig in zwei Welten: der erlebten Welt der Gegenwart, die Leben ist, und der vorweggenommenen Welt der Zukunft, die Nicht-Sein ist?

Wer, wenn von Selbstbewusstsein die Rede ist, ist sich wessen bewusst? Was bedeuten im Grunde Bewusstsein und Selbstbewusstsein? Was bedeutet »Ich«?

Dass der Leib stirbt, verwest, zu Staub wird, ist zu sehen und zu verstehen. Wohin aber löst sich der Geist, wohin geht er?

Soll, wird etwas bleiben, sich jedenfalls für eine gewisse Dauer dem Nichts entziehen?

Wenn Endlichkeit und Unendlichkeit nicht über ein gemeinsames Maß verfügen, im Grunde nichts gemeinsam haben – wie sollen dann Sünden in der Endlichkeit des Lebens die Verdammnis in der und in die Unendlichkeit begründen können?

Wohin gehen die Erschütterung, die tiefe Berührtheit im Erleben der Liebe, die für Momente den Augenblick und die Ewigkeit, das Ich und die Welt in eins fallen lassen? Wird alles nichts?

Ist nicht das Unendliche dem Nichts verwandter als das Endliche?

Warum ist etwas und nicht vielmehr nichts? Ist, dass nichts ist, nicht naheliegender als dass etwas ist? Woher kommt das, was ist?

Wie soll ein Seiender, ein seines Seins in der Welt bewusster Mensch, das Nicht-Sein verstehen? Muss man das Nicht-Sein als negative Variante des Seins nehmen oder umgekehrt: das In der-Welt-Sein als positive Abweichung aus dem Nicht-Sein? Was ist ursprünglicher? Wie verhält sich das eine zum anderen? Oder haben beide nichts miteinander zu tun?

2

Solcher Art sind die Erwägungen und Fragen, die ein Mensch sich stellt – sei es, weil eine schicksalshafte Konstellation ihn veranlasst, sei es, weil er das Leben als Ganzes und als solches bedenkt. Der Bereich, in dem sie sich stellen lassen, kann nicht der der Wissenschaft sein. Jenes Bedenken beginnt erst, wo die Wissenschaft endet. Fragen nach Sinn und Grund sind deren Sache nicht.

Die Religion, die religiöse Überzeugung oder doch Einlassung stellt einen Teil dieser Fragen und beantwortet sie mit einer Bestimmtheit, die nicht dem Wissen, sondern dem Glauben entspringt.

Was bleibt, bleibt im Ungewissen, in dem Bereich, in den die positive Kenntnis nicht hineinreicht, der auf das Leben gerichtet bleibt, auf Fragen zu ihm ohne Erwartung der Antwort. Dieser Bereich ist der der Nachdenklichkeit, der Besinnung, des Zweifels und des Bewusstwerdens. Dieser Bereich, unbestimmt in seinen Grenzen, unsicher in seinen Aussagen, wie er ist, kann sich nur einlassen auf einen Begriff, der seinerseits Eindeutigkeit und Klarheit weder trägt noch behauptet. Es ist der Begriff der Metaphysik.

3

Leicht lässt sich sagen, dass man das Fragen lassen sollte, wenn gewiss ist, dass es eine Antwort nicht geben wird. Die in den Bereich der Metaphysik reichenden Fragen entspringen nicht nur einem Bedürfnis, das auf den Seinsgrund der eigenen Existenz hingeht; sie sind auch von dem Willen getragen, nach Struktur und Ordnung, nach dem Zusammenhang, dem Entstehungsgrund, den Beweggründen und Zielen zu suchen. Die Metaphysik lässt sich nicht abtun. Ihre Schwäche liegt darin, dass sie ohne Stütze in der Erfahrung, ohne wissenschaftliche Erkenntnis der realen Welt auskommen muss, dass sie vielmehr mit den Mitteln des Denkens – und nicht des Glaubens – sich bewegen muss in einem Bereich, in dem sie nichts oder doch wenig an Halt und möglicher Orientierung finden kann. Der Gefahr, ins Beliebige und deshalb Belanglose abzugleiten, sich zu Aussagen bewegen zu lassen, die die Grenzen ihrer Möglichkeiten überschreiten, kann sie nur entgehen, indem sie die Kritik, die von ihr im Allgemeinen ausgeht, zu allererst gegen sich selber richtet, sich nur tastend und fragend bewegt und leichtfertige Deutungen, behauptete Gewissheiten und frei konstruierte Gedankengebilde nicht zulässt.

4

Was Metaphysik ist, bestimmt sich aus ihren Anliegen. Sie will fest halten am Begriff der Wahrheit, fragt nach dem Wesen der Dinge und auch danach, wie sie zueinander in ein dem Verstand nachvollziehbares Gefüge gebracht werden können. Ebenso vielfältig wie ihre Aussagen ist die Kritik an ihnen. Was lässt sich unter Wahrheit verstehen? Was ist ihr Verhältnis zur Richtigkeit einer Aussage? Ist eine Unterscheidung zwischen wahr und falsch überhaupt immer möglich oder sinnvoll? Hat es Sinn, von Wahrheit zu reden, wenn es einen von ihr erreichbaren Kern gar nicht gibt? Ist überhaupt die Welt, wie sie ist, einem Verständnis jenseits der Erkenntnis zugänglich? Kann es Welterklärungen, die auf ein Ganzes gehen, überhaupt geben? Lässt sich mit ihnen noch etwas fassen von einer Wirklichkeit, die sich in Interpretationen, Relationen und Strukturen versteht? Lässt sich von einer an eine Sache gebundenen Wirklichkeit noch reden, wenn die Welt voll ist von Virtualität, Imagination, nicht mehr im einzelnen nachvollziehbaren Interaktionen und Verknüpfungen?

5

Es ist gut verständlich, dass die moderne Welt, instrumentell, prozesshaft und kalkulierend ausgerichtet, kein natürliches Verhältnis gewinnen kann zu diesen Fragen und mit ihnen zur Metaphysik. Deren Mangel an Präzision und greifbarer Nützlichkeit lässt sie leicht überflüssig erscheinen. Eine Kritik kann ihr vorhalten, dass ihr Ausgriff ins Weite gehe, vielleicht auch ins Ganze, Tiefe, Umfassende und dabei dem Einzelnen keine hinreichende Beachtung schenke.

6

Was also ist »Metaphysik«, was ist gemeint, wenn von ihr die Rede ist? Der Begriff ist schillernd und vieldeutig. Häufig wird er in einem ganz umfassenden und in den Grenzen ungenauen Sinn gebraucht und verstanden. Er bedeutet dann alles Denken, das sich in dem Raum bewegt, der dem logischen Aufschluss, der Erfahrung und dem Wissen verschlossen ist. Er meint also den Bereich, in dem die Ableitungen der Vernunft, die Ordnungen und Kategorien des Denkens nicht gelten, in den die Erfahrung oder Wahrnehmung nicht hinreicht, und er meint auch und gerade Bestimmungsgründe für das Ganze, Allgemeine, die von Einzelheiten absehen. In eben diesem Anspruch, gleichsam über den Dingen und gleichzeitig in ihnen zu sein, liegt der Grund, dass die Metaphysik den einen alles erklären, alles umfassen soll, den anderen aber als gehaltsloses Gerede erscheint: sie wisse zu viel (ihrem Anspruch nach) und sage zu wenig (nach dem konkreten Gehalt).

7

Woher kommen diese Schwankungen im Urteil, woher die Widersprüchlichkeit in den Einschätzungen und Wertungen? Sie sich verständlich zu machen, verlangt, von dem auszugehen, was die Metaphysik als ihren Beweggrund hat. Das »metaphysische Bedürfnis« (Kant) entsteht und besteht als »Naturanlage der Vernunft« und ist ganz unabhängig von den Neigungen und Meinungen einzelner Menschen. Die Fragen, die die Metaphysik stellt, haben die Menschen umgetrieben von Anfang an. Die Formen und auch konkreten Gehalte metaphysischen Empfindens sind unter den Völkern und Kulturen sehr verschieden; doch haben sie im Großen und Ganzen den Ausgang gemeinsam von den Fragen, die auf Grund, Sinn, Herkunft, Sein und Werden gehen, den Bereich der Wissenschaften übersteigen und die Welt im Ganzen zu erklären suchen. Von allen Dingen, die den Menschen als Menschen bestimmen, ist nichts gewichtiger als die Tatsache dieses metaphysischen Bedürfnisses, der metaphysischen Empfindung und der Möglichkeit hierzu. Verbunden mit Bewusstsein und Selbstbewusstsein, erlaubt sie dem Menschen, sich in seiner Subjektivität zu verstehen, sich der Welt entgegen zu setzen, ein Verhältnis zu ihr zu gründen, eine gewisse Sicherheit zu finden und gleichzeitig von den im Anfang gestellten Fragen und der von ihnen ausgehenden Beunruhigung nicht abzugehen.

8

Von den Bedeutungen, die mit dem Begriff der Metaphysik verbunden werden können, ist die der Unruhe, die aus dem Dunkel des letzten Grundes kommt, wohl die ursprüngliche. Sie setzt auf einen Sinn im Menschen, auf ein Empfinden und Erleben des Subjekts. Sie ist keine Erkenntnisweise der einzelnen Weltdinge, keine Ableitung aus großen Dingen, um bei kleinen zu enden, keine Quelle von Wissen jenseits der Erfahrung – so wenig wie sich Fantasterei oder Geflunker auf sie berufen können.

9

Metaphysik ist keine Wissenschaft. Sie ist die Suche nach einem Selbstverhältnis, das gleichzeitig ein Weltverhältnis ist. Metaphysik steht der Suche nach Verständnis näher als der Suche nach Erkenntnis.

Wird Metaphysik verstanden als Summe dessen, was an einzelnen Dingen und Phänomenen von den Wissenschaften zusammengetragen werden kann, ist es naheliegend, sie bei der Wissenschaft zu belassen, sie als deren höchste Form zu sehen. Solche Betrachtungsweise, die die Metaphysik nur als Oberbegriff zu Kategorien – als Ontologie im weiten Sinn – gelten lassen will, verfehlt aber das Wesentliche: eine so verstandene Metaphysik, der Logik verwandt, wie Hegel es will, berührt nicht das, was mögliche Erkenntnis und Erfahrung übersteigt, hat nichts an Geheimnis und Rätsel an sich. Als begriffliches Denken und als reine Seinswissenschaft könnte sie weder zum Grund des Seins noch zu den eigentlichen Fragen der Metaphysik ein fragendes Verhältnis gewinnen lassen. Aus einer Wissenschaft der Dinge im Konkreten und auch im Allgemeinen lässt sich nichts ableiten zum Umgang mit den Fragen, die – die Menschen tief berührend –

sich jenseits der Wissenschaft stellen. Die Wissenschaft kann zu ersten Gründen nichts sagen und auch nichts zu letzten.

Es ist Sache der Metaphysik, den Grundphänomenen des Lebens die ihnen zukommende Bedeutung zuzuweisen und Raum zu lassen für die Fragen, die die Metaphysik bleibend stellt. Ausgehend von einem metaphysischen Sinn als Naturanlage im Menschen kann Metaphysik eine Einlassung fördern auf die Fragen nach Seele, Gott, Unsterblichkeit, Sein oder Nicht-Sein, nach Sinn und Grund und nach all dem, was im Leben unerklärlich, geheimnisvoll, rätselhaft und unerfassbar bleibt. Eine Wissenschaft, die nur das ihr Zugängliche gelten ließe und allem anderen wegen eben dieser Unergründlichkeit jede Bedeutung absprechen würde, wäre unernst, weil sie das die Menschen tief Berührende achtlos lassen würde; sie wäre unwissenschaftlich, weil sie das offensichtlich Gegebene leugnen würde.

10

Die Entzauberung der Welt hat den Fragen der Metaphysik nichts an ihrer Bedeutung, an der Beunruhigung, die von ihnen ausgeht, genommen. Der Glauben und die Religionen, die ihn tragen, haben an Bedeutung verloren, nicht weniger aber die weltlichen Überzeugungen, die aus einer vermeintlichen allumfassenden Kenntnis den Gang der Geschichte verstehen und – nicht ganz ohne einen Rückgriff auf Metaphysik – auch bestimmen wollten. Die Fragen der Metaphysik bleiben. Bleiben sie auch als Fragen ungelöst, lassen sie sich nicht abtun. Sie sind anwesend nicht nur in außergewöhnlichen existenziellen Konstellationen, sondern auch in Alltagsphänomenen.

11

Eine Welt, in der die Fragen der Metaphysik ein für alle Mal verbindliche Antwort gefunden hätten, wäre eine andere Welt als die, in der wir leben.

12

Aufgabe der Metaphysik ist es nicht, die Grenzen des Wissens zu erweitern – das ist Sache der Wissenschaft –, sondern das Empfinden zu fördern für das, was sich dem Zugriff der (wissenschaftlichen) Erkenntnis entzieht, und verstehen zu lassen, dass ihre Fragen es sind, die der menschliche Geist zuerst sich stellt und die erst, in dem sie gestellt werden, den Menschen zum Menschen bestimmen.

13

Die Beschränkung auf das Erkennbare, das dem Verstand Zugängliche, versperrt im Grunde den Zugang zum Verständnis des Lebens ganz.

14

Im Wesen des Menschen bündeln sich Endlichkeit, Unendlichkeit, das sich Erschließende, Zugängliche und das Unergründliche, Geheimnisvolle, Rätselhafte.

15

Ein Zwiespalt: wir sind Herren unseres Schicksals und können doch nicht über unser Leben frei bestimmen; wir sind Subjekte und müssen uns doch an der Welt messen; wir sind frei in Gedanken und gebunden doch in der Wirklichkeit; wir haben Bewusstsein unseres Seins und stehen doch in der Perspektive des Nicht-Seins.

16

Metaphysische Begriffe müssen ihre Bedeutung nicht aus behaupteter Eindeutigkeit beziehen, sondern aus ihrem Sinngehalt, ihrem Erklärungswert.

17

Metaphysik, die nach dem Sinn des Lebens im Ganzen fragt, die keine Gewissheit in ihren Behauptungen beansprucht und dadurch nicht an Bedeutung verliert, die ihr Gewicht auf Fragen und nicht auf Antworten setzt, ihre Begriffe nicht als vorgegebene Festlegungen versteht, sondern als Elemente tastender Bewegung, die weder letzte Wirkgesetze des Weltganzen noch letzte Entstehungsgründe und Ableitungen aus ihnen behaupten will – solche Metaphysik ist notwendig.

18

Die Unergründlichkeit ist die Erfahrung, die der metaphysische Sinn macht. Metaphysisches Empfinden verlagert die Frage nach der Existenz eines Gottes ins Subjektive, Transzendente: was kann ich sagen ohne über Erfahrungen zu verfügen? Es ist ein Verhältnis außerhalb der Erfahrung, das zu beiden gehört – zum existenziellen (im Glauben) und zum theoretischen (im Denken, Zweifeln, Fragen) Leben. Dabei beruht Glauben eher auf einem existenziellen Verhältnis, Zweifeln und Denken sind im Ausgang nicht Ausdruck einer existenziellen Haltung, sondern einer theoretischen.

19

Die Sache der Metaphysik sind nicht Antworten, sondern Fragen.

20

Aufgabe der Metaphysik ist nicht der Abschluss im Denken als vielmehr der Aufschluss in der Wahrnehmung der Weltdinge, der sichtbaren und der unsichtbaren.

21

Häufig kann es, statt von metaphysischem Bedürfnis zu reden, richtiger sein, ein metaphysisches Empfinden anzunehmen. »Empfinden« betont die Fähigkeit, nicht den Zwang, und macht deutlich, dass es sich nicht um eine notwendig stets gegebene, gegen jede Zerstörung gefeite Eigenschaft handelt, sondern um eine Fähigkeit, die der Herausbildung, der Pflege, der »Erziehung« bedarf.

22

Das metaphysische Empfinden ist eine Metaphysik des Subjekts. Die Metaphysik hat recht darin, dass sie den Menschen zu denken, nachzudenken, nachzusinnen, zu empfinden lehrt. Sie erinnert daran, dass das Greifbare, Zugängliche, durch Wissen Erfassbare nicht alles ist, dass es vielmehr eine Überschreitung des Irdischen gibt, die im Denken und im Fragen liegt und die so lange bleibt, solange es Menschen gibt, die jene Fragen stellen. Solches metaphysisches Empfinden, eine Konstituante menschlichen Seins, ist es, was den Menschen ausmacht. Es lässt sich nicht leugnen, ohne den Menschen zu leugnen. Käme es dazu, dass der Mensch, herabdressiert und rückgebildet würde zu einem Wesen ohne jene Nachdenklichkeit, den Vorgaben und Anforderungen eines digitalen Hyperkapitalismus folgend, bestimmbar, funktionell und instrumentell im Raum sich bewegend wie ein Atom, zu keiner Einheit und keiner Verbindung mit anderen fähig, wäre es nicht um die Metaphysik, wohl aber um den Menschen geschehen.

23

Metaphysisches Empfinden ist Einlassung auf die Welt und gleichzeitig Widerspiegelung ihres Seins in diesem Empfinden. Es ist nicht Erkenntnis, Aneignung der Weltdinge. Fragen und Staunen sind Weisen des Verhältnisses mit und zu den Dingen, die ihnen keine überlegene Subjektivität mit Herrschafts- und Verwertungswillen entgegensetzen, die vielmehr die Dinge, die Natur, sein lassen und ihnen eigenen Wert und Größe zuerkennen, gleichsam ein Recht auf eigenes Sein. Metaphysisches Empfinden ist Einlassung, Ernstnehmen der Dinge. Es gibt dabei weder einen Vorrang des Subjekts noch des Objekts. Metaphysisches Empfinden ist gleichzeitig Einlassung und Distanznahme als Achtung vor den Dingen. Der Wissenschaft, die die Eigenheiten und Gesetze erforscht, kommt es zu, dieses Recht zu achten und gleichzeitig sich dessen bewusst zu sein, was wissenschaftliche Erkenntnis bewirken kann und welche Grenzen ihr gesetzt sind.

24

Metaphysisches Empfinden mag von Anfang an, gleichsam natürlich gegeben sein. Aber es kann sich verlieren oder auf einen formalen Restbestand schrumpfen, der es bedeutungslos macht. Für die Möglichkeit einer Präsenz metaphysischen Empfindens sind gesellschaftliche Verhältnisse von Bedeutung, die ihm gewogen oder hinderlich sein können. Eine Gesellschaft, die sich von kalter Rationalität und Berechnung im Innersten bestimmen lässt, wird nicht in der Lage sein, solches Empfinden zu fördern. Wenn sie nichts an dessen Stelle setzen kann und die Beziehungen unter den Menschen allein durch ungefilterte, unreflektierte Unmittelbarkeit bestimmt sind, fallen all die Formen der Mittelbarkeit, der Annäherung und der Distanznahme, der Achtung und des Vertrauens, des gezeigten Wohlwollens und Interesses am anderen.

25

Wie ist das Verhältnis zwischen Dialektik und Metaphysik? Ist Dialektik ein Bewegungsgesetz für das

Welt-Ganze – dann wäre sie unvereinbar mit Metaphysik – oder ist sie Verständnisweise, die den in allen Dingen liegenden Widersprüchen gerecht werden will? Das metaphysische Empfinden verweilt im Ungefähren, Unabgeschlossenen, Schwebenden viel eher als im Spiel der Gegensätze, in dem festgehaltenen und betonten Widersprüchlichen. Die Sicherheit, die die Dialektik gerade in der durchgehaltenen Negation beansprucht, verträgt sich mit dem metaphysischen Empfinden nur, wenn sich die Dialektik nicht als wissenschaftliches Gesetz gibt, als Wiedergabe der realen Bewegungen in der Welt, sondern als Verständnisform, um jene Widersprüche zu erfassen.

26

Man kann in der Fähigkeit zum Denken oder zu metaphysischem Empfinden eine Naturanlage des Menschen sehen. Es kann aber keine Rede davon sein, dass der Bestand solcher Fähigkeiten jeder Veränderung enthoben und in seinem Grundbestand gesichert sei. »Denken« geht auf vielfältige gesellschaftliche Bedingungen zurück, kulturelle, politische, ökonomische, erzieherische, wirtschaftliche; von der jeweils gegebenen gesellschaftlichen Konstellation hängt es ab, welcher Raum dem Denken gelassen wird und welche Pflege das metaphysische Empfinden erfährt. Es ist sehr wohl möglich, dass das (Nach-)Denken soweit aus der Mode gerät, so wenig von gesellschaftlichen Kräften verlangt und in Anspruch genommen wird, dass es als Forderung und als Übung in Permanenz ganz unbedeutend wird. Es ist deshalb eine wesentliche Frage für jede Gesellschaft, welches Interesse in ihr an solchem Denken und Empfinden besteht, wie ihr Fortbestand gesichert werden, und wie ein ihnen günstiges Milieu erhalten werden kann.

27

Ist metaphysisches Empfinden rein subjektiv oder gibt es in ihm (oder ihm gegenüber) einen objektiven Gehalt? Das, worauf es geht, ist das Unergründliche, in dem es ein greifbares, erkennbares »Objekt« nicht geben kann. Unergründlichkeit und metaphysisches Empfinden bedeutet nicht, dass das Leben im Irdischen von einem Mangel bestimmt und deshalb gering zu schätzen sei – im Gegenteil: metaphysisches Empfinden, das das Unergründliche einbezieht, wird zu einem Ernstnehmen des Lebens, einer Intensivierung der Erfahrung mit einer Tiefe, die sich mit Leichtigkeit verbindet. Und nach einem »höheren Leben« können wir uns nicht richten, weil wir, gäbe es das, nichts von ihm wissen könnten.

28

Metaphysik des Subjekts setzt Bewusstsein und Selbstbewusstsein voraus. Um zu fragen und in den Fragen zu verweilen, braucht es als Tragegrund das Bewusstsein, das das Subjekt hält. Metaphysisches Empfinden, das sich ernst nimmt, setzt eine Anstrengung des Bewusstseins voraus: das Bewusstsein setzt der Nachdenklichkeit Grenzen. Es bestimmt den Raum, in dem die Nachdenklichkeit ihren Platz hat. Ein Leben mit und in Ideen mag ein Leben sein, das sich dem Denken widmet; ein Leben mit Metaphysik ist es aber nur dann, wenn die Ideen nicht an die Stelle des Unergründlichen treten und nicht versuchen, eine Gewissheit und Ordnung vorzugeben. Ein Denken, das nach der Ordnung im Denken strebt, ist gut und wichtig; ein Denken, das in der behaupteten Ordnung seine Grenzen überschreitet, ist schädlich, denn es ist täuschend. Kein Denken in Ideen, in Anstrengungen der ordnenden Vernunft kann etwa zu den Fragen, die die Religion sich stellt, Resultate vorweisen, die, endlich gefunden, das metaphysische Bedürfnis zur Ruhe bringen würden.

29

Metaphysisches Empfinden bedeutet nicht, dass rationale Erkenntnis verdrängt, geringgeschätzt oder ersetzt werde. Metaphysisches Empfinden beruht auf dem Beharren, dass kein Wissen hinreicht zum Verständnis der Welt. Es steht nicht der Suche nach Ordnungskategorien, Einheitsbildungen, Begriffen, Ableitungen und Folgerungen in den Wissenschaften entgegen. Immer aber muss der Frage Raum gelassen werden nach einem letzten Grund, nach einem göttlichen Wesen, wenn sie nur nicht auf den Gewinn sicheren Wissens gerichtet ist.

30

So wenig wie durch ein Essen ein für alle Mal der Hunger beseitigt wird, so wenig findet das metaphysische Bedürfnis bleibende Befriedigung und Ruhe durch Auffassungen, Überzeugungen oder durch Glauben.

31

Ursprungsphilosophie strebt nach dem Einen, dem Absoluten. Einem metaphysischen Empfinden ist dabei gegenwärtig, dass es eine Erkenntnis des Absoluten nicht geben kann. Das Nachdenken über das Leben ist nicht auf eine solche Erkenntnis des Absoluten verwiesen. Es ist ihm bewusst, dass es ohne eine solche Erwartung oder Annahme auskommen muss.

32

Metaphysisches Empfinden lässt sich nicht durch den Hinweis auf »Gelassenheit« ruhigstellen; auch Gelassenheit braucht einen Grund; auch »Grundlosigkeit« braucht eine »Begründung«.

33

Ohne Subjektivität gibt es keine gewollte Richtung zum menschlichen Maß hin, kein Streben nach Autonomie, Emanzipation, keine Freiheit, kein Bedürfnis nach Gleichheit, keine individuelle und keine kollektive Moral.

34

Metaphysisches Empfinden ist nicht auf einen Augenblick konzentriert, es ist vielmehr ein Grundgefühl, das bleibend das Denken und Verhalten bestimmt; das metaphysische Empfinden ist nicht auf ein bestimmtes Objekt (Gott, Geist, Absolutes) gerichtet. Ein metaphysisches Empfinden kann auch ohne ein ihm vertrautes Objekt bestehen.

35

Metaphysik muss sich davor hüten, sich eines positiven Wissens zu den Seinsgründen zu rühmen. Ihre Aussage kann nur sein, dass sich positives metaphysisches Wissen nicht behaupten lässt, dass deshalb aber nicht von den Fragen, zu denen sie hinführt, abzugehen ist und dass allein angemessen ist ein Umgang, ein Leben mit der Frag-Würdigkeit. Metaphysik kann die Notwendigkeit der Fragen und der Kritik zeigen, nicht aber ihren Gehalt; Ableitungen aus behaupteten Wesenheiten stehen ihr nicht zu. Die Metaphysik bewirkt, dass Kultur, Denken, Dichten nicht zum bloßen Zeitvertreib werden, dass sie verbunden sind mit einem Sinn, einer Berührung, einem Erleben.

36

Metaphysik ist keine Wissenschaft; das metaphysische Empfinden kann nicht den Platz beanspruchen, den wissenschaftliche Erkenntnis und Erfahrung im Konkreten zu Recht einnehmen. Wenn die großen Fragen der Metaphysik außerhalb der Reichweite jeder möglichen Erfahrung und positiven Erkenntnis liegen, ist es nicht möglich, aus ihr eine Wissenschaft zu machen.

37

Es ist kein Widerspruch, der Vernunft alles Recht einzuräumen, sich auf die Seite der Aufklärung zu stellen und andererseits das metaphysische Empfinden außerhalb der Reichweite der Vernunft zu lassen und in seinem Gewicht zu betonen.

38

Die moderne Wissenschaft gibt keinen hinreichenden Grund, um metaphysisches Denken abzutun. Sie sucht Einzelheiten und Eigenheiten und von ihnen ausgehend die Verbindungen, Wechselwirkungen und Wirkkräfte verständlich zu machen. Sie sucht nach wiederholbaren Prozessen und nach den Gesetzen, die für sie gelten. Sie stößt auf Fragen, die als solche der Metaphysik gelten können, wenn sie auf den Geltungsgrund solcher Gesetze hingehen: woher kommt das, was man »Gesetze« nennt? Gibt es Gesetze höherer Ordnung oder Urgründe, aus denen sie selbst oder ein Schöpfer sie hergeleitet haben? Die moderne Wissenschaft führt gewiss zu höherer Komplexität, sie ändert aber wenig oder nichts an dem, was den Bereich metaphysischen Fragens ausmacht.

39

Metaphysik mag zu einem Teil »Wissenschaft« sein – im Herzstück ist sie es nicht: es geht ihr im Kern nicht um Erkenntnis, sondern um Verständnis, Intuition, Erfassen, Sinnlichkeit. Sprach- und Erkenntnistheorien mögen sich als Philosophie verstehen und ein Stück weit auch als Metaphysik. Daraus lässt sich aber nicht ein Recht ableiten, alle anderen Formen des Denkens als irrational abzutun.

40

Metaphysik, die sich als »Wissenschaft« ausgeben will von allen Dingen, wie sie sind, und gleichzeitig als ein höchstes Prinzip dessen, dass die Dinge sind, ist als

Wissenschaft zu unwissenschaftlich und gleichzeitig zu sehr an Wissenschaft gebunden.

41

In der Metaphysik verbinden sich die Fragen nach dem Grund (»warum ist etwas«), nach dem Verhältnis von »Wesen« und Erscheinung, nach den Grenzen der Erkenntnis (»gibt es Erkenntnis jenseits physikalischer Gesetze«) und die Frage nach einem wie auch immer genannten Urheber, einem göttlichen Wirken, einem Schöpfer. Die stets nur tastenden Antworten können keine wissenschaftlichen Erkenntnisse sein. Treten sie aber als solche auf, ist es nicht mehr Metaphysik, um die es geht, sondern Dogmatismus.

42

Wer nur das »Wissen« gelten lassen will, irrt doppelt: er schiebt alles jenseits des Wissens beiseite, und lässt so die Welt verarmen und er übersieht, dass sein »Wissen« von Grundlagen und Voraussetzungen abhängig ist, die sich dem »Wissen« entziehen; so bleibt das »Wissen« »unbewusst«, bedingt und auf tönerne Füße gestellt.

43

Die Erörterungen von Raum und Zeit in den modernen Naturwissenschaften sind einer anderen Verständniswelt zugehörig als derjenigen, in der wir alltäglich leben. Milliarden von Jahren, Millionen von Lichtjahren bilden dem Empfinden nach eine Quasi-Unendlichkeit, die in eins fällt mit einer Quasi-Endlichkeit.

44

Die Fragen nach dem Weltall und seinen Entstehungsgrund sind irritierend; eine einfache Erklärung aus physikalisch-materialistischen Erwägungen soll dem, der Fragen stellt, genügen, aber sie befriedigt ihn nicht; er wird weiter fragen nach der Herkunft der Gesetze und den Triebkräften, die das Weltall bewegen, nach den Konstanten, die für diese Bewegungen gelten sollen. Je mehr dabei sein Verständnis zunimmt, desto tiefer gehen die Fragen und die Einsicht, dass nichts sich reimt, dass diese Konstanten sind und dass es nicht sinnvoll ist, mit den Mitteln der Wissenschaft nach einem Grund für dieses Sein zu fragen.

45

Wenn Metaphysik der Bereich ist, in den die Erfahrung nicht hineinreicht, kann sie nicht über aus Erfahrung gewonnene Erkenntnisse verfügen und jedenfalls der Teil der Wissenschaft, der auf solcher Erfahrung gründet, bleibt ihr fremd. Die Grundfragen der Metaphysik bleiben ohne Antwort. Das gilt für die »großen Fragen«, die Fragen nach Welterklärung im Ganzen und ebenso für die Fragen, die sich in einer gewissen Alltäglichkeit stellen, Fragen nach Schicksal, Zufall, Krankheit und Tod, nach Vergänglichkeit und Dauer. Diese Fragen, Fragen einer Metaphysik der Alltäglichkeit, gehören wegen des metaphysischen Gehalts, der ihnen innewohnt, in den Bereich der Metaphysik; es sind jedoch Fragen, die von den großen Themen der Metaphysik nur mittelbar berührt werden. Es sind Fragen, die als der »kleinen Metaphysik« zugehörig bezeichnet werden können. Dieser Bereich verlangt nicht nach wissenschaftlicher Ordnung, sondern nach Nachdenklichkeit, nach Besinnung, nach Auseinandersetzung mit Zweifeln. Dieser Bereich, auch er unbestimmt in seinen Grenzen, unsicher in seinen Aussagen, tastend in seinen Fragen, hat es schwer, seine Existenz zu rechtfertigen in einem Milieu, das der Wissenschaft zugeneigt ist mit einer Intensität, die bisweilen an Glauben reicht. Die Metaphysik muss sich gegen die Frage verteidigen, auf welchem Grund sie ruhe, wenn es der der Erfahrung nicht ist.

46

Metaphysik kann nicht analysiert werden als sei sie eine Theorie der Gesellschaft, wie es auch andere gibt. Mit den Mitteln des Verstandes kann wohl allerlei Fantasterei und Schwärmerei von der Metaphysik ferngehalten werden; in die Metaphysik kann aber nicht »von außen« eingedrungen werden mit dem objektiven, abgeklärten Blick des Entomologen. So wie die Religion im Letzten dem nicht verständlich sein kann, der ganz ohne religiöses Gefühl ist, so kann Metaphysik sich dem nicht öffnen, dem metaphysisches Empfinden und Fragen ganz fremd sind.

47

Wenn es gerade zum Wesen des Seins – auch eines höchsten Wesens – gehört, von einem Schleier verdeckt zu bleiben, wenn das Sein unergründlich ist, dann ist diese Verborgenheit, die Überlassung an das Ahnen statt Sehen, gerade ein Zeichen der Größe, die Unergründlichkeit ein Ausweis seiner Ungeheuerlichkeit.

48

Es gibt kein metaphysisches Empfinden ohne Präsenz der Unergründlichkeit im Bewusstsein. Dem steht nicht entgegen, dass dieses Empfinden sich sehr wohl verbindet mit Wahrnehmung oder Erleben des Gegenwärtigen oder mit der Erinnerung an Vergangenes.

49

Unergründlichkeit ist kein Objekt, kein Raum, ist nichts Heiliges und nichts Geheiligtes; sie bezeichnet den Bereich, in den die elementaren Fragen des Lebens gehen und der sich doch jeder Erfahrung verschließt und sich jeder Antwort verweigert. Werden Dinge, Gegenstände oder Traditionen und Institutionen für unveränderlich, unantastbar und ewig während erklärt, für »heilig«, mögen sie Ausdruck eines Bestrebens sein, der empfundenen Last des Unergründlichen doch die Annahme einer überzeitlichen Gewissheit, einer Annäherung an das Göttliche entgegenzusetzen; es ist eine Bemühung, die nur der Glaube tragen kann, nicht aber das Denken.

50

Die Unergründlichkeit bestimmt sich dadurch, dass sie nicht nach einem Grund, der hinter ihr läge, suchen kann. Sie ist diejenige Qualität des Seins, zu der alle Erkenntnis hinführt, in der alles Wissen endet. Es mag auf den ersten Blick erschrecken, sich auf eine solche Unergründlichkeit einzulassen. Aber sie führt nicht zu Behauptungen über Unendlichkeit, über Nichts oder Höllenqualen. Sie will vielmehr einer Feststellung dessen, was ist, den Ernst und die Bedeutung zukommen lassen, die ihr angemessen ist. Der Gedanke an das Unendliche kann tief beunruhigen, der Gedanke an die Unergründlichkeit beruhigt. Er beruhigt deshalb, weil gerade in dieser Unergründlichkeit eine Großartigkeit liegt, eine Ungeheuerlichkeit, die den Menschen nicht schwächt, sondern in seiner Bedeutung und in seinem Wert erhöht. Keine andere Vorstellung zur Welt und ihrem Grund kann ein solches Gefühl der Ehrfurcht und der Ergriffenheit erzeugen wie der Gedanke an diese Unergründlichkeit. Auf den ersten Blick freilich ist dieser Gedanke schwer zu ertragen. Er lässt den Menschen allein und gibt ihm keine Antwort auf die Fragen, die ihm im Innersten berühren. In der Feststellung der Unergründlichkeit aber, die im Übrigen durch den Fortschritt der Wissenschaft keineswegs verkleinert wird, liegt eine Ruhe, eine Beruhigung. Sie weist die eingangs gestellten Fragen der Metaphysik nicht ab und verweist gleichzeitig auf das Ausbleiben der Antwort: es gibt keine Überschreitung dieser Unergründlichkeit, keine Transzendenz über sie hinaus. Wenn es etwas Göttliches an den Göttern gibt, dann ist es das: das Unergründliche, das sie gelassen haben.

51

Die Unergründlichkeit und das Wissen, dass es nichts ist mit dem Finden des letzten, uns verständlichen Grundes, dass kein Gott sich offenbart, der unser Schicksal bestimmt, dass es unserer eigenen Hände sind, in die dieses Schicksal ein Stück weit gelegt ist, dass es tiefe Ungerechtigkeiten gibt, die die Menschen nicht im gleichen Maße treffen, so wie das, was man Glück nennen kann, ganz ungleich und gleichsam willkürlich verteilt ist und dass es für all das keine uns zugängliche Begründung gibt, bestimmen unser Leben. Sie bereichern es.

52

Kein Aufwind trägt uns; nur der eigene Flügelschlag ist's, der uns im Fliegen hält.

53

Unergründlichkeit ist kein Absolutum, vergleichbar dem Einen, Allumfassenden, Unveränderlichen. Sie kann deshalb auch nicht Teil von Systemen metaphysischer Welterklärung sein. Die Unergründlichkeit hat keinen Bezug auf eine »Hinterwelt«, zu der sie Aussagen machen könnte; sie stellt auch nichts zur Verfügung, was sich zum Ausmalen einer solchen »Hinterwelt« eignen könnte.

54

Von einem Gott sich ein Bild zu machen, steht dem Menschen im Grunde nicht zu. Er kann es nicht, ganz unabhängig davon, ob solche Götter eine reale Existenz haben; versucht er, sich ein Bild zu verschaffen, ist es ein nur leicht abgewandeltes Bild der Menschen, eine Beschreibung ihres Lebens, ihres Daseins, ihrer Bedürfnisse und der Unterschied zwischen ihnen und den Göttern bleibt nur deren Unsterblichkeit. Das Christentum hat ein hochdifferenziertes Bild geschaffen und die Menschenähnlichkeit weit zurückgedrängt. Aber auch ihm bleiben Begriffe von Vater und Sohn, von Geburt und Tod, wenn auch in Formen, die den Rahmen des Menschlichen übersteigen. Es ist Sache des Glaubens, Vertrauen in das Bild von Gott zu setzen und es ist Sache der Religion, dem Glauben in der Verbindung der Gläubigen Ausdruck zu verleihen. Wo der Gedanke der Unergründlichkeit zu schwer wird, kann die Religion die Last verringern.

55

Die Fragen nach Unsterblichkeit, Seele, Gott verlieren an Bedeutung, wenn von jener Unergründlichkeit ausgegangen wird. Sie werden die Sinne bewegen, solange es Menschen gibt; sie werden unbeantwortet bleiben und von den Menschen verlangen, dass sie in und mit dieser Unergründlichkeit zu leben lernen. Der Wahrnehmung der Großartigkeit der Welt und des Lebens, deren Schönheit und Fülle tut die Unergründlichkeit keinen Abbruch. Dass die Menschen ohne Einsicht in den letzten Grund ihr Leben zu führen haben, ist Grund ihrer Größe. Es ist Grund ihrer Entfaltung, ihrer Handlungsmöglichkeiten, ihrer Freiheit der Möglichkeit nach wie auch ihrer Verantwortung.

56

Unergründlichkeit ist kein Mangel und begründet keine Schwäche. Ein Geheimnis verliert nicht dadurch an Bedeutung, dass es Geheimnis ist und bleibt. Gerade die Unergründlichkeit zwingt zu der Annahme einer Größe des menschlichen Lebens. Sie lässt den Menschen unabhängig erscheinen von überirdischen Kräften und von externen Bestimmungen seines Schicksals. Es gibt keine erkennbare Instanz, die ihn durch Weisung, Rat oder Verbot anleiten würde. Eben deshalb kann er nicht anders, als sich der Welt in eigener Verantwortung anzunehmen. Ein metaphysisches Empfinden kann die Menschen untereinander verbinden, kann im Umgang untereinander an die Fragilität des Menschen erinnern und an die Notwendigkeit wechselseitiger Sorgfalt.

57

Das metaphysische Empfinden ist stets ein Empfinden eines Einzelnen. Anders als die Religion, die ihren Glaubensinhalten gemeinschaftlich Ausdruck verleihen kann, ist das metaphysische Empfinden dem kollektiven Ausdruck unzugänglich; es führt aber nicht zu einer Trennung unter den Menschen, im Gegenteil: das metaphysische Empfinden verbindet die einzelnen nicht im gemeinsamen Bekenntnis, sondern im Wissen, dass andere ebenso empfinden, einen ähnlichen Begriff haben von Geheimnis, Größe und Würde. Diese Ähnlichkeit des Empfindens macht es möglich, sich als Teil einer Gemeinschaft zu sehen, eine Verbundenheit anzunehmen, die durch das Bewusstsein bewirkt wird, gemeinsam Mensch zu sein.

58

Entscheidend ist nicht der Gegensatz zwischen Glauben und Wissen, sondern der zwischen Glauben und (Nach-)Denken, Zweifeln, Ordnung der Gedanken, Verweilen in den Fragen.

59

Der Zweifel am Glauben stellt den Glauben insgesamt infrage; der Zweifel im Denken stärkt gerade das Denken.

60

Ideologien, Begründungen von Herrschaft können aufs Ganze gesehen nicht metaphysisch sein – in der Metaphysik ist stets auch der Zweifel und die Fragwürdigkeit präsent. Wird versucht, Ideologien mit Versatzstücken der Metaphysik zu verbinden, und dabei dieses Zweifeln und Fragen beiseitegeschoben oder durch anmaßende Behauptungen ersetzt, ist es nicht Gebrauch der Metaphysik, sondern Missbrauch.

61

Es ist nicht so, dass der Metaphysik eine Arbeit am Begriff neue Bedeutung geben sollte – so wie alten Gemälden der Restaurator Erkennbarkeit und neuen Farbenglanz verleihen will; es genügt, wenn gleichsam die Hängung geändert und die Metaphysik in das Licht gerückt wird, das ihr aus der Natur der Sache zukommen muss.

Die flache, leere Welt

62

Welche tragenden Strukturen haben heute Bedeutung?

Die Religion steht geschwächt und verunsichert. Ihr Einfluss auf die Lebensführung der Gläubigen schwindet, sie beginnt an ihren eigenen Grundlagen selbst zu zweifeln.

Von »Aufklärung« ist wenig mehr die Rede. Es ist zu offensichtlich, dass zwischen Digitalisierung, Künstlicher Intelligenz und neuen Medien einerseits und der Schönheit und Fülle des Lebens, von der die Aufklärung ein auf den Menschen bezogenes Bild vermitteln wollte, andererseits ein zu tiefer Graben liegt.

»Humanismus« lebt in seiner gegenwärtigen Gestalt von seiner Anspruchslosigkeit: der Begriff, wo er verwendet wird, bedeutet im Grunde nichts oder wenig, er hat keinen normativen Gehalt.

»Sozialismus« und »Kommunismus« als »Systeme« haben, so scheint es, ihre Zeiten gehabt. Damit ist nicht gesagt, dass der Gedanke des Sozialismus nicht mit einem gewissen Einfluss wiederkehren könnte; es würde aber ein Neuanfang sein, der sich am real existierenden Sozialismus oder Kommunismus kein Beispiel nehmen könnte und theoretisch und praktisch Überzeugungskraft, Ansehen und Wirkung aus der entschiedenen

Ablehnung des Kapitalismus und gleichzeitig dem tastenden Vordringen anderer Lebensformen gewinnen könnte.

Was der Moderne bleibt ist der Begriff der »Vernunft«. Sie aber setzt schon voraus, was sie anstreben will: eine Gemeinschaft von Menschen, deren Ziel es ist, Argumente auszutauschen und die jeweils besseren Gründe in öffentlicher Diskussion zur Geltung zu bringen. Mehr als Restbestände sind es nicht, die von der so verstandenen Vernunft geblieben sind; das, was als öffentliches Leben bezeichnet werden kann, wird nicht durch die gemeinsame Suche nach einem Vernünftigen bestimmt, sondern viel eher von der Suche nach Aufmerksamkeit und persönlichem Vorteil. Ohne Zufluss von Moral und Metaphysik dörrt die Vernunft aus.

Was bleibt sind Demokratie und Rechtsstaat. Die Demokratie lebt von der öffentlichen Auseinandersetzung, dem hohen Bewusstsein der Bürger und der Bereitschaft, in ihr einen Wert zu sehen, den zu verteidigen lohnt. Wenn aber die tatsächliche Gestaltung der gesellschaftlichen Formen und Prozesse von Kapitalmacht und transnationaler Bürokratie bestimmt wird und all den Helfershelfern, die jener Macht zur Seite stehen, wenn demgemäß die Überzeugtheit schwindet, man könne als Demokrat demokratisch Einfluss nehmen, schwindet die Substanz der Demokratie; die Erziehung zur Demokratie wird schwieriger und, wenn nicht entschiedene demokratische Kräfte sich entgegenstellen, am Ende unmöglich.

Der Rechtsstaat hält sich seiner Form nach. Wenn aber sich ein Maß an Ungleichheit breitgemacht hat, das mit dem Gedanken der Gleichheit gar nicht mehr vereinbar ist und deshalb der Rechtsstaat zur Organisationsform des Unrechts wird, verliert er die Achtung und auch moralische Bedeutung, die ihm im gesellschaftlichen Gefüge zukommt. Er wird zur Funktion, fernab einer Idee der Gerechtigkeit und Gleichheit.

Was bleibt sind Negationen: wir leben nicht in einer Diktatur, nicht in einem totalitären Staat, nicht in einem Regime des Mangels. Das ist viel, aber es ist zu wenig, um gesellschaftliche Kohärenz im Ganzen, einen hoffnungsvollen Blick in die Zukunft für den einzelnen und eine gelingende Form des gemeinsamen Lebens zu gewährleisten. Ein Empfinden einer Gemeinsamkeit, eines gemeinsamen Zieles, getragen von gemeinsamen geteilten Lebensbedingungen, ist Voraussetzung, sich auch für den Erhalt der Erde und des Lebens auf ihr einzusetzen.

63

Merkmale der Gegenwart und der absehbaren Zukunft sind Körperlosigkeit (Fehlen oder Vermeidung der physischen Präsenz); Ortlosigkeit (der Aufenthaltsort verliert an Bedeutung; Smartphone und E-Mail-Adresse sind ohne Bezug zu einem bestimmten Ort); Gegenstandslosigkeit (die digitale Form vermeidet alles Gegenständliche, Greifbare, Fühlbare).

64

Die Verschiebung vom Subjektiven zum Objekthaften (Erderwärmung, Kohlendioxid, Klimawandel, Artensterben u. a. stehen, wo bisher Emanzipation, Autonomie, Utopie oder Freiheit waren) wird begleitet von einer Verschiebung von Aktivität zu Passivität: keine Spuren hinterlassen, nicht verbrauchen, nicht zerstören, kurzum: ein Leben zu führen, als würde man gar nicht im Leben sein. So muss die Subjektivität lernen, sich in die Objektivität einzuleben.

65

Die gegenwärtige Form des ökonomischen, gesellschaftlichen und kulturellen Lebens ist bestimmt durch die Behauptung einer möglichen wissenschaftlich-technischen Gewissheit, die vom »Noch nicht« lebt: wir wissen noch nicht, sind aber auf dem Weg.

66

Gerade wenn die instrumentell-technische Welt des modernen Kapitalismus mit mathematisch-naturwissenschaftlicher Vernunft vorgeht, ist weniger das zu kritisieren, was diese Vernunft ist, als vielmehr das, was ihr fehlt. Die Vernunft existiert nicht im Abstrakten. Sie ist immer eingebettet in Lebensverhältnisse und wird in ihrem jeweiligen Gehalt und Wert von ihnen bestimmt.

Die moderne und modernste Welt ist in ihren bestimmenden Faktoren kurz dargestellt in: »Von der Welt, wie sie ist und wie sie sein könnte«. Ihre Kennzeichen, hier nicht mehr als grob skizziert, sind demnach:

- Vereinfachung und Beschleunigung der Kommunikation; massive Förderung der wissenschaftlichen Forschung in vielen Bereichen; Ermöglichung technischer Nutzung wissenschaftlicher Erkenntnisse; Ohnmacht des Einzelnen in der Überfülle, in der auszuwählen er nicht gelernt hat; Auswahl treffen zunehmend die Algorithmen nach ihren Kriterien und Interessen; Tendenz des Internets ins Unendliche, Formlose, nicht mehr Bestimmbare

- Hoch organisierte Konglomerate, die Meinungen nicht nur darstellen, sondern erst schaffen und beeinflussen können

- Verbindung der Informationsindustrie mit erdrückender Kapitalmacht der Finanzwelt

- Schwächung der staatlichen Sphäre, in der das Regieren zur Organisationsform wird (»Governance«)

- Konzentration der Macht, von der weder Begründung noch Rechtfertigung verlangt wird

- Zunehmende Totalisierung der Überwachung des Einzelnen und des gesellschaftlichen Lebens

- Die künstlich-technische Intelligenz gibt die Norm und Richtschnur ab für menschliche Intelligenz und menschliches Verhalten

- Anmaßung öffentlicher Funktionen durch Thinktanks, Stiftungen, Beratungsfirmen, Netzwerke

- Omnipräsenz der Bilder, die der eigenen Bilderwelt keinen Raum lässt, der Phantasie, der Verarbeitung, dem Fluss der eigenen Assoziationen

- Wesentliche Funktionen der »Erziehung«, der Herausbildung eines Menschen sind den Internetgiganten und ihren Ableitungen überlassen

- Das Englische ist bestimmend als Sprache, als »Weltsprache«, als Medium des Ausdrucks, der Verständigung und des Verständnisses; Formen des kulturellen Lebens, das mit der Sprache im Verbund steht, folgen ihm

- Verlust von Form und Grenze; Disruption, Nicht-Stehen-Bleiben, keine Herleitung, keine Besinnung, keine Gewohnheit, keine Orientierung, nichts, das bleiben darf

- Keine »Moral« im Sinne von Gewohnheiten, eingeübten Verhaltensweisen und Rücksichtsweisen

- Schwinden staatlich-gesamtgesellschaftlicher Autorität und Bindekraft; Interessengruppen, Cliquen, Netzwerke als Organisationsformen des Zusammenhalts

- Keine eigenständige Öffentlichkeit, die bereit und in der Lage wäre zu durchgehaltener Kritik, zur Führung von Debatten und Auseinandersetzungen über zentrale, die Gesellschaft im Ganzen berührenden Fragen; kein gesellschaftlich organisiertes Gegengewicht gegen die organisierte Industrie der Information und des Kapitals

- Zurückdrängen der körperlichen Präsenz bei gleichzeitigem Schwinden der Eigenschaften, die der Umgang mit anderen verlangt (Blick, Wahrnehmung, Beachtung, Rücksichtnahme)

- Suche nach Sicherheit im Milieu des Misstrauens (Überwachungssysteme, Datenschutz, abgeschlossene Bereiche und anderes)

- Leicht geübte Toleranz als Verzicht auf Verständnis und ernst zu nehmendes, helfendes Handeln

- Vorrang der lärmenden, aufreizenden Darstellung vor der überlegten Mitteilung, die nach Verständnis und Gemeinsamkeit sucht

- Schwächung oder Zerstörung der sozial-ökonomischen Strukturen; Tendenz zur Verödung der Städte; Verlust des öffentlichen Raumes

- Steigerung der sozio-ökonomischen Ungleichheit, die das Empfinden einer Gemeinsamkeit in der Gesellschaft auflöst und die doch hingenommen wird

- Ein Gefühl der Bedrohung durch gewaltsame Auseinandersetzungen zwischen den Staaten und Völkern und durch mögliche und tatsächliche Kriege

- Umwelt- und Klimakatastrophen regionalen und globalen Ausmaßes, die an Wirkungen in der Gegenwart gewinnen und den notwendigen Schnitt in die Lebensweisen immer tiefer ansetzen lassen.

68

Die gegenwärtige bestimmende Form des gesellschaftlichen, ökonomischen und kulturellen Lebens lässt sich als digitaler Hyperkapitalismus bezeichnen. Seine spezifischen Elemente sind neue Medien mit einer Finanzialisierung der Informationsindustrie; angehäufte Kapitalmassen, die global nach Anlage und Gewinn streben; moderne Technik, Digitalisierung, Künstliche Intelligenz, die sich nicht als Mittel geben, sondern als Norm und so das Verhalten der Nutzer nicht weniger bestimmen als sie sich von diesen bestimmen oder verändern lassen; Auflösung oder Zerstörung der sozialen Welt; Ausfall einer allgemein anerkannten und geübten Moral; Mediatisierung der Kapitalinteressen durch Auftragsforschungen, Stiftungen, Förderprogramme und dergleichen; Fehlen einer Gegenmacht als kritische Instanz, in der auch noch die Idee einer anderen Welt, eines anderen Lebens lebendig wäre.

69

Überwachung mit den Mitteln der Datenverarbeitung und -erfassung ist ein Eingriff in die Intimität. Vielleicht wichtiger ist noch, dass von ihr eine Kontrolle des gesellschaftlich-gemeinsamen Lebens ausgeht, die als eine Last jede Spontaneität des Treffens, der Äußerung und der Debatte verhindern kann.

70

Eine planetarische Betrachtungsweise, die auf Universum, Kosmos, die Welt im Ganzen setzt, kann weder der Natur noch den Menschen gerecht werden. Es zählt ihr allein die objektiv-technische Welt mit ihren Bedingungen, die durch Biologie, Informatik, Physik zu erkennen sind. Fragen nach menschlichen Bedürfnissen werden nicht gestellt, es geht nicht um Gestaltung des individuellen Lebens oder des gesellschaftlichen Verbundes. Alles ist »Natur« als Gegenstand der Forschung. Das Erleben der Natur, physisch und geistig in einem, und der gesuchte Einklang mit ihr haben in dieser Sichtweise keinen Platz, das Beharren auf ihnen wird als »romantisch« und deshalb altmodisch abgetan.

71

Täglich nimmt der Druck zu, der von der Totalisierung aller Lebensverhältnisse ausgeht, die in alle Poren dringt, die alle Fragen erstickt, deren Zerstörungskraft in ihrer gezeigten Harmlosigkeit liegt, deren »Leichtigkeit« teuer erkauft ist mit Unernst und Auflösung, ohne Vorstellung und ohne Willen, ohne geistige Debatten, ohne Entgegensetzung, ohne Streit und Auseinandersetzungen.

72

Wenn alle Mitteilungen, Darstellungen, Zeitschriften und Bücher in digitaler Form gefasst sind, wird auch der Mensch in digitaler Form, formatiert, verfügbar sein.

73

Was bedeutet »Subjektivität« heute? Geht die Entwicklung nicht zum Objektiven hin, zur unabweislich gegebenen, objektiven Notwendigkeit? Sind es nicht objektive Sachverhalte, zwingend vorgegebene Aufgaben, die das Handeln bestimmen? Werden dagegen »Demokratie« oder »Moral« zu Begriffen aus einem veralteten Repertoire? Schieben die objektiven Sorgen die Rede von Emanzipation und Moral beiseite oder lassen sie sie sinnlos erscheinen? Kommt es jetzt nicht eher auf Überlebensstrategien, Informatik und Berechnung an?

Aber es ist gerade dann richtig und wichtig, die Subjektivität zu verteidigen, wenn das Gewicht des Objektiven dabei ist, sie zu erdrücken; denn immer bleibt ein Spielraum für Normen und Richtung, den nur menschliches, überlegtes Maß ausfüllen kann. Die notwendigen Maßnahmen des Klimaschutzes können so gestaltet sein, dass sie die Spaltungen in der Gesellschaft erhöhen oder so, dass sie den gesellschaftlichen Zusammenhang stärken.

74

Es ist die berechtigte Sorge, dass die Erde den Menschen erhalten bleibt – von nicht geringerer Bedeutung muss die Sorge sein, dass die Menschen der Erde erhalten bleiben, dass das, was Leben meint, sich als Ausdruck menschlichen Bestrebens verstehen lässt.

75

Das Spannungsverhältnis, die »Dialektik,« zwischen Subjektivität und »Welt« ist aufgelöst: gesucht wird nicht Auseinandersetzung, Kritik, Auswahl, sondern: Einpassung an und in die vorgegebene Welt, ihre Funktions- und Ausdrucksweisen. Ihr bleibt es überlassen, die Menschen, wo nötig, nach ihrem Bild, nach ihren Interessen zu formen und zu bilden. Der Ausfall der Dialektik nimmt die Möglichkeit der Auseinandersetzung und eines aus einer solchen herausgebildeten Charakters.

76

Die Formen negativer Entwicklung in einer Gesellschaft sind Verhärtung und Auflösung. Der Entwicklungsgang einer Gesellschaft kann durch Strukturen und sie tragende Machtkonstellationen so bestimmt sein, dass sich eine Vielfalt möglicher Entwicklungen ergibt oder aber eine Verarmung in den Möglichkeiten. Die Auflösung lässt die Orientierungen, die Orientierungspunkte, in der sozialen und kulturellen Welt zerfallen. Verhärtung und Auflösung können nebeneinander einhergehen: eine instrumentell-technische Bestimmung des Lebens, die »keine Alternative« in der Vorstellung und in der Praxis zulässt und in der keine Diskussionen und öffentlichen Auseinandersetzungen geführt werden, keine Frage- und Infragestellung erfolgt, kann sich verbinden mit einer Auflösung von Strukturen des privaten und des öffentlichen Lebens, mit einer von jenen Machtkonstellationen getragenen Totalisierung.

77

Die modernste Moderne löst nicht nur die Gesellschaft auf im Ganzen, um die Individualität übrig zu lassen – sie löst auch die Individualität auf. Ihr Bild ist nicht der reflektierend-nachdenkliche, selbstbewusste Mensch, sondern der homo digitalis, der den Vorgaben folgt und das, was ihm als Umgang mit den Dingen gezeigt wird, als Ausdruck seines eigenen Wesens nimmt.

78

Die Erklärung der Rationalität, Verfahrenslogik, der Wissenschaft und der Technik zur bestimmenden Kraft hat zwangsläufig das Lebensverständnis und die Lebensführung der Menschen verändert. Es hat nicht nur den Glauben in seiner Bedeutung zurückgedrängt, die gesellschaftliche Fantasie zurückgestutzt. Sie hat die Auflehnung gegen Herrschaft, die Vorstellung, es könnte im Ganzen anders sein, schwinden lassen und sie durch die Lehre ersetzt, sich im Leben mit Erfolg einzurichten. Die gesellschaftlichen Strukturen und die in ihnen bestimmenden Kräfte und Tendenzen, der Hang zum Totalitären, der überall spürbar wird, lassen dem Gedanken und dem Wunsch, es könnte anders sein, keinen Raum.

Für die Fantasie, wie sie sich in Märchen wiederfindet, sind es schlechte Zeiten. Märchen sind Elemente der Transzendenz. Gelöst von Raum und Zeit verweisen sie auf das Mögliche und zeigen zugleich vom Unmöglichen, wie nah es dem Möglichen stehen kann. Immer handeln die Märchen von menschlichen Eigenschaften und von Ereignissen, zumeist mit glücklichem Ausgang; sie bleiben mit dem menschlichen Leben verbunden und wollen zu ihm etwas sagen. So sind sie lehrreich, ohne belehrend zu sein. Das »Es war einmal«, mit dem der Märchenerzähler einsetzt, war wohl nie so und wird so nie sein und hat doch mit dem Leben zu tun: es verweist auf den Saum, der die Wirklichkeit umgibt und in dem die Fantasie, die Imagination wie auch der Traum sich finden. Das »wirkliche Leben« besteht nicht nur aus dem, was das real Greifbare, das wissenschaftlich Messbare und das wirtschaftlich Verwertbare ausmacht; es besteht nicht weniger aus dem, was sich dieser reinen Realität zu entziehen sucht, indem es sie überschreitet. Es ist die spielerische, schwebende Fantasie, die verhindert, dass das Leben sich in einer lastenden, kalten Wirklichkeit, in einer Welt ohne Vielfalt, ohne Farbe und Geheimnis verliert. Gehen die Märchen, die sie tragen, würde die Welt ein Stück weit verarmen.

79

Die Religionsgemeinschaften erscheinen zunehmend nicht durch ihr Selbstverständnis bestimmt, das sie durch ihre Tätigkeit in der Gesellschaft gewinnen, sondern vielmehr als ein Bund von Gleichgesinnten, die sich zu verstehen geben, dass sie sich kennen und dass sie durch den Glauben wie durch ein Geheimwissen zusammengehalten werden.

80

Es gibt keine Kritik im Ganzen in der gegenwärtigen Welt, keine Gegenvorstellung und keine aufs Ganze gehende Kritik. Die möglichen Kritiker sind verschüchtert: sie spüren, dass ihrer Kritik die gesellschaftliche Basis, das verständige Milieu und die interessierte Aufmerksamkeit fehlen. In wessen Namen, zugunsten welcher Alternative würden sie sich äußern? Dazu fällt die Antwort schwer.

81

Begriffe wie »Vernunft« oder »Wissenschaft« nehmen leicht einen Befehlston an: Sie entziehen sich der Aufgabe ihrer positiven Bestimmung und dienen eher der negativen Aussage: »das ist unvernünftig, unwissenschaftlich« – das Negative wird zum häufigsten Gebrauch.

82

Mit der Metaphysik hat es eine besondere Bewandtnis. Sie ist für die einen eine bestehende Wirkkraft von bleibender Bedeutung, für andere ist sie ein Phänomen vergangener Zeiten und hat in der aufgeklärt-modernen technischen Welt keinen Platz mehr. Wieder andere, dem Einzelnen verhaftet und dem Wunsch nach Erklärung und Berechnung, sehen sie seit Jahrhunderten auf einem Irrweg; sie fordern eine Überwindung der Metaphysik zugunsten eines anderen Denkens oder einer nur instrumentell verstandenen Vernunft. Die Kritiker der Metaphysik im Ganzen stehen vor der Schwierigkeit, dass eine ernstzunehmende Kritik der Metaphysik nur mit den Mitteln der Metaphysik möglich ist. Die Einsicht, dass es nicht oder nur schwer möglich ist, die Metaphysik loszuwerden, führt dazu, dass die Versuche ihrer Überwindung einhergehen mit einer gewissen Hochschätzung, verbunden mit Bedauern, gar einer Trauer darüber, dass es nichts oder nichts mehr sei mit der Metaphysik.

83

Auf Anhieb ist es nicht verständlich, weshalb die großen Fragen der Metaphysik kaum mehr gestellt werden. Es liegt nicht daran, dass sie oder einige von ihnen eine Antwort gefunden hätten oder dass sie, aus welchen Gründen auch immer, obsolet geworden wären. Der Hinweis, dass die Fragen keine Antwort erwarten lassen, genügt nicht. Fragen können zu weiteren Fragen führen, zu Querverbindungen und Umwegen, auf denen vielleicht verfeinerte Fragen oder Erkenntnisse zur Einstellung zu den Dingen gewonnen werden können.

84

Es gibt heute einen Bereich des Lebens ohne die Philosophie und einen der Philosophie ohne das Leben.

85

Das metaphysische Empfinden hat keine in ihm angelegte Richtung; es folgt keinem gleichsam natürlichen Fortschritt. Diesen Fortschritt gibt es nicht als Selbstlauf der Natur oder als Fortgang der Philosophie oder Geschichte; es gibt ihn nur in dem Maße, in dem er im konkreten wünschenswert ist und gewünscht wird. In Dinge und in Verhältnisse ist kein Fortschritt eingeboren. Kein Begriff der »Öffentlichkeit« etwa oder der Rationalität oder der Sprachvernunft kann die Geschichte in eine bessere Zukunft bewegen. Was »Öffentlichkeit« und »Vernunft« bedeuten können, hängt ab von den Verhältnissen und Kräften, auf denen sie beruhen. Solche Begriffe haben keine unabhängige Wirkkraft und sind weder Triebfedern noch Garanten des Fortschritts. Drängen die Verhältnisse und Kräfte zur Auflösung und zum Zerfall, zerfällt die »Öffentlichkeit« mit ihnen. Die Gegenwart liefert dafür die Anschauung. Wer gegen dieses Augenfällige gleichwohl auf die »Öffentlichkeit« setzt, macht die Krankheit zum Medikament. Die »Öffentlichkeit « braucht Luftzufuhr, braucht Verhältnisse, die ihr günstig sind. Nicht »Fortschritt« oder »Verfahrensrationalität« können schaffen, was fehlt: Orientierung in der Welt und im Leben und jene Nachdenklichkeit, jenes Vertrauen in die Subjektivität und jener Sinn der Kritik. Wenn sie ganz ohne Metaphysik, ohne Kritik auskommen wollen, enden der »Fortschritt« im Verfall, die Vernunft in der Leere und im Widersinn.

86

Ganz ohne Anklang an Metaphysik will eine neue Verständnisweise der modernen Welt auskommen. Sie ist bereit, alle Errungenschaften des Westens einschließlich der Religion und Metaphysik aufzugeben mit der Behauptung, nur so sei eine Annäherung an die neuen Kräfte in der Welt möglich. Die geforderte Sachlichkeit führt zu dem Grundsatz: »Menschen behandeln wie Sachen«. Der Schritt zur reinen Objektivität besteht in dem Bezug auf »Notwendigkeiten«, die als Naturgewalt auftreten und nicht bestritten werden können. (Klimawandel, Energiewende, Digitalisierung, künstliche Intelligenz). In dieser Notwendigkeit verbirgt sich das freigesetzte Bekenntnis zum technischen Fortschritt, den das Recht eingeräumt wird, seine Gesetze sich selbst zu setzen. Alles soll ablaufen, als sei das, was ökonomische und technische Kräfte veranstalten, gleichzusetzen dem »alternativlosen« Gang der Weltgeschichte. Dabei ist verkannt, dass Klimawandel und anderes sehr verschieden angegangen werden können, mit steigender oder sinkender Ungleichheit, mit Machtkonzentration oder größerer Freiheit und Achtung des Menschen.

87

Nach einer modernen Auffassung gibt es nur die äußere Welt und die in ihr wirksamen biologischen Faktoren, die das Verhalten der Menschen bestimmen. Bewusstsein, Emanzipation, Moral gibt es nicht; Subjektivität gilt als anthropologische Maßlosigkeit. So werden Autonomie, Freiheit, Gleichheit bedeutungslos. Was allein zählt, ist der funktionale Vorteil. Nichts spricht nach dieser Auffassung gegen Transhumanismus, Cyborg, künstliche Intelligenz und dergleichen. Aufgabe des Menschen sei es, keinen Widerstand zu leisten gegen die technische Entwicklung, keine Fragen zu stellen, zu immer neuem Lernen bereit zu sein und sich dieser Entwicklung zu fügen.

Ihre Autorität leitet diese Betrachtungsweise aus den Tatsachen ab, die die Erde in ihrer Existenz bedrohen (Klimawandel, Erderwärmung). Sie sollen zum uneingeschränkten Vorrang der Wissenschaft führen und sich allein nach »objektiven« Notwendigkeiten richten. Solche Theorien haben auf den ersten Blick eine gewisse Plausibilität für sich; sie können aber keine Gefolgschaft finden, wenn sie jeden Gestaltungsrahmen leugnen und alle Fragen eines kollektiven Willens, Fragen der Ungleichheit, der Freiheit als Handlungs- und Gestaltungsraum, der Verbundenheit unter den Menschen beiseiteschieben. Auch und gerade ein objektiv notwendiges Handeln setzt sich nur ins Werk, wenn es von subjektiver Überzeugtheit, moralischem Ernst und geteilter Einsicht getragen wird.

88

Postmoderne, Dekonstruktion und Biopolitik haben ihre Modernität zu einem Gutteil gerade darauf gegründet, dass sie Fragen der Normativität, Fragen danach, wie eine menschenwürdige Gesellschaft beschaffen sein könnte und sollte, nicht gestellt haben. So war es den einen möglich, zu Befürwortern des aufkommenden Neoliberalismus, den anderen zu Propagandisten eines Denkens zu werden, in dem kein Zentrum mehr sein soll, nur noch Verbindungen ohne Subjekt. Eine Kraft, die sich dem Zugriff des modernen Kapitalismus hätte entgegensetzen können, ist von ihnen nicht ausgegangen. Subjektivität, verstanden als Anspruch auf Gestaltung des Lebens, auf Emanzipation und Moral, konnte in ihnen keinen wirksamen Fürsprecher finden.

89

Moderne Methoden können auf Disziplinierung und Unterdrückung gut verzichten: Sie lassen eine widerständige Haltung, einen durchgehaltenen Protest, einen Anspruch auf radikal andere Lebensformen von vornherein nicht entstehen. Sie haben die Macht, um in diesem Sinne erfolgreich zu sein. Sie führen zu einer Interiorisierung der Zahl, des Kalküls und der Norm; es bleibt keine Außenseite, kein Ansatz der Kritik, keine Möglichkeit anderen Verständnisses. Es ist in einem alles enthalten, alles errechnet, alles gesagt.

90

Vielleicht haben Bewusstsein, moralischer Sinn, metaphysisches Empfinden keinen Platz mehr in der modernen, in der modernsten Welt; vielleicht kommt dem modernen Menschen auf mittlere Dauer das Sensorium für diese Wesenszüge des Menschlichen abhanden; vielleicht verliert er die Fähigkeit, im anderen einen Mitmenschen zu sehen. Das würde bedeuten, dass wir ihm nichts mehr zu sagen hätten und unser Leben in ungewollter Distanz zu ihm führen müssten. Solche Hoffnungslosigkeit aber ist unausdenkbar.

91

In der Gegenwart haben Bemühungen, dem Empfinden der Rätselhaftigkeit Ausdruck zu geben, wenig Bedeutung. Die Metaphysik als Lehre vom Allgemeinen und Unveränderlichen ist aufgegeben in dem Maße, in dem die Philosophie sich als Teil des Wissenschaftssystems verstehen will. Es ist ihr der Impuls abhandengekommen, das Denken auch und gerade dort einsetzen zu lassen, wo das Wissen eine Grenze findet. Ein Denken, das sich auf das Unerklärliche beziehen will, ist mit dem in den Vordergrund getretenen Anspruch der Wissenschaftlichkeit und Verfahrensrationalität nicht vereinbar. Von der Metaphysik bleibt nur eine theoretische Unruhe nach einheitlichen Erklärungsgründen: den »Gott der neuzeitlichen Metaphysik« gibt es nicht mehr.

92

Und doch ist nichts klarer, verständlicher, greifbarer geworden. Die modernen Naturwissenschaften gehen eher dahin, mit der Steigerung des Wissens das Gewicht des Nichtwissens zu erhöhen.

93

Eine politisch-philosophische Theorie kann sich nicht mit einer ganzen oder teilweisen theoretischen Stimmigkeit zufriedengeben oder mit einem Oszillieren zwischen Realität und Idealität. Ist sie zu sehr auf solche Stimmigkeit bedacht, kann sie leicht geneigt sein, die tatsächlichen Kräfte, Mächte und Tendenzen, die Bedürfnisse und Aspirationen der realen Menschen zu übersehen. Entsprechen die realen Verhältnisse den mit der Theorie angenommenen nicht, gerät die Theorie leicht in Gefahr, der Mühe um Reinheit den Vorzug zu geben und die Wahrnehmung der realen Welt mit ihren Spannungen, Widersprüchen und Brüchen beiseite zu lassen. Kritik an gesellschaftlichen Verhältnissen kann sie dann nur mühsam üben, widerwillig und spät. Konkrete Fragen nach konkreten Bedingungen einer Änderung stellt sie so nicht.

94

Eine philosophische Theorie braucht keine Soteriologie, keine Lehre von der radikalen Veränderung als Voraussetzung einer Rettung. Es genügt, wenn sie von der Absicht getragen wird, die Welt nicht zu erlösen, sondern sie – sei es im Geringsten – sich verständlich zu machen und sich fortdauernd um dieses Verständnis zu bemühen.

95

Solange vielfältige Kultur und Kulturen bestehen, kann eine »Einheitskultur«, eine »Weltkultur«, nur zweierlei bedeuten: Negierung und Verdrängung der gegebenen Kulturen, um Platz zu schaffen für eine solche Einheitskultur und Propagierung einer neuen Kultur mit gut ausgewiesenen Trägern. Nationen können nicht den Boden einer solchen neuen Kultur darstellen, auch nicht ein Staatenverbund. Staatliche Gebilde, die auch kulturelle Hervorbringungen sind, bleiben dem begrenzten Raum verhaftet. Träger dieser neuen Kultur sind internationale Konglomerate, die Betreiber der »sozialen Medien,« eingebettet in eine Finanz- und Medienindustrie mit weltweitem Einfluss. Sie sind schon das, was den staatlichen Gebilden nur mühsam gelingt – sie sind rationalisiert und auf Internationalisierung angelegt. In ihnen hat die »Weltkultur« ihre Herolde.

96

Es ist Zeit, den Gedanken des »Fortschritts« zu trennen von der Vorstellung eines menschenwürdigen Lebens. Der Fortschritt kann – und ist häufig – eine Intensivierung und Beschleunigung der Zerstörung. Was er erhalten soll, vernichtet er.

97

Das Verhältnis des Menschen zu der und in der Welt verändert sich. Die Subjektivität sieht ihren Gestaltungsraum schrumpfen. Das Negative gewinnt die Oberhand (»Abwehr von Gefahren und Katastrophen«); das Positive ist ohne Gestalt und Ausdruck, ohne eine von vielen geteilte, zur Einheit drängende Perspektive.

Die Perspektive, die an Bedeutung gewinnt, ist nicht menschlich-innerweltlich, sondern planetarisch. Nicht der Mensch umfasst den Kosmos, sondern: der Kosmos umfasst den Menschen und lässt ihn bedeutungslos erscheinen. Zu zentralen Themen werden Energiewende, Klimawandel, Digitalisierung, Künstliche Intelligenz und dergleichen. Damit einher geht eine Änderung der geforderten Eigenschaften: nicht Bewusstsein, Selbstbewusstsein, Autonomie oder Emanzipation sind gefordert, sondern Einpassung, Funktionieren, Objekthaftigkeit. Subjektivität schrumpft zusammen und beginnt, sich aufzulösen; die »Welt« als Ensemble materieller und immaterieller Dinge, als Erlebnisraum, als Einlassungs- und Bewegungshorizont verschwindet. An ihre Stelle tritt das planetarische Verständnis als tatsächliche oder behauptete Notwendigkeit, die als Bestimmungsgrund auftritt und weder Fragen nach einer gewünschten gesellschaftlichen Gestaltung noch eine Suche nach Alternativen zulassen kann. Fehlt der Ausgriff ins Gesellschaftliche, verliert das Subjekt seinen Betätigungs- und Denkrahmen, bleibt ohne den Zufluss des Lebens und beschränkt sich auf »Selbstverwirklichung« und »gutes Leben«. Was darüber hinaus bleiben wird, ist nicht absehbar.

98

Die Besonderheit heute besteht darin, dass die Frage: in welcher Welt wollen wir leben? nicht mehr gestellt wird, nicht mehr gestellt werden kann.

99

Die Strukturen der realen Macht, ihrer modernen Organisiertheit verhindern umfassendes Denken. Sie können die gewollte Harmlosigkeit an die Stelle setzen, Diskussionen über Nebensächliches als bedeutsame Erwägungen erscheinen lassen und so Fragen der tiefen Spaltung der Gesellschaft, der Beeinflussung des Verhaltens, der Steuerung mit vermeintlich neutralen Mitteln (Digitalisierung, Künstliche Intelligenz und andere) beiseiteschieben. Dass es im Grundsätzlichen nichts zu denken und nichts zu entscheiden geben soll, ist neu für eine gesellschaftliche Konstellation; es ist gefährlich für eine Gesellschaft, wenn es in ihr keinen Widerstand gibt, keine Fragen, die sich Ausdruck verschaffen, keine Vorstellung und keine Kritik.

100

Eine Welt, in der keine Auseinandersetzungen, keine Spannungen, Widersprüche mehr spürbar wären, für die es keine »Außenseite« mehr gäbe, kein Anderes jenseits ihrer selbst, würde ihre Vielfalt und Dimensionalität verlieren; es wäre eine flache, leere Welt. Im Alltag wahrnehmbare Begriffsverschiebungen von Regierung hin zu Governance, von Gesetz zu Programm, von Freiheit zu Flexibilität, von Arbeiter zu Humankapital, von Gerechtigkeit zu Fairness, von Recht zu Regel lassen erkennen, dass eine gewollte Konturlosigkeit sich breitmacht, die, banalisierend, gehalt- und gestaltlos, Widerstand und Widerspruch, ernste Debatte und radikale Kritik nicht wünscht und nicht braucht. Würde sich eine solche Tendenz vollends durchsetzen, könnte es keine Fantasie, keine Vorstellung mehr geben von dem, was über das Gegebene hinaus sein sollte. Von Freiheit und Würde bliebe nur die leere Attitüde: die Freiheit hätte kein Ziel, auf das hin sie sich manifestieren könnte, und die Forderung, es solle aus dem Begriff der Würde ein auch in die gesellschaftliche Entwicklung einwirkender, spürbarer Gehalt gewonnen werden, würde als »altmodisch« und »unwissenschaftlich« abgetan. Als bestimmende Bewegkraft im individuellen wie im gesellschaftlichen Leben bliebe dann die wohlkalkulierte Durchsetzung des jeweils Nützlichen mit der geforderten Anpassung an die Gangart der funktional-technischen Welt und dem Ausfall jeden Gedankens, es könnte anders sein.

101

Unerlaubt oder unredlich ist der Verweis auf die Individualität, wenn im gleichen Atemzug dieser Individualität die Bedingungen ihres Entstehens und ihres Bestandes entzogen werden – ganz so, wie ein Unverständnis zeigendes Staunen darüber, dass maßlose Bereicherungen nicht auf breiten, spontanen Protest stoßen, ganz unangemessen ist: auf welchen Begriff von »Unrecht« und »Moral« sollen sich die Bürger berufen können, wenn die alltägliche Lehre keinen Begriff von der Größe des Menschen vermittelt, nicht auf Gleichheit und Würde zielt, sondern auf Lob der individuellen Bereicherung und den »Erfolg«, wie maßlos und schädlich im Ganzen sie auch sein mögen.

102

Oft wird eine übertechnisierte Welt mit Schaudern beschrieben, um dann freilich festzustellen, dass es zu diesem Horror kommen wird: man kann nichts machen, keine Vorstellungen, keine Fantasie sind in der Lage, dagegenzuhalten; von Möglichkeiten eines anderen Ganges der menschlichen Geschichte ist keine Rede mehr, nicht von menschlichem Maß, Willen und Handeln.

103

Die Auflösung in Partikularitäten ohne »Einheit« und ohne »Dritten« kann Gemeinschaft nicht entstehen lassen. Sie macht die vereinzelten Einzelnen verfügbar, beeinflussbar nach Belieben.

104

Wer all die Kriterien abschaffen will, die einen konkreten Menschen bestimmen in seiner Besonderheit (Herkunft, Kultur, Religion, Geschichte, Nationalität, Tradition, Sprache), wer alle Schichten des je Besonderen abtragen will, wer meint, es ließen sich mit der Abschaffung aller Besonderheiten Diskriminierungen vermeiden, irrt sich: was bleibt, wenn alle Eigenheiten beseitigt sind, ist einem Menschen ohne Eigenschaften, einem ersonnenen Avatar, einer einem Atom gleich frei im Raum schwebenden Figur näher als dem, was sich als Mensch unter Menschen verstehen lässt. Eine solche Abschaffung zu fordern heißt, menschliche Eigenheiten und Eigenschaften zu negieren, heißt, das Recht auf Entfaltung als ein durch spezifische Eigenschaften bestimmtes Individuum zu verweigern.

105

Nicht nur, dass die Perspektive bestimmt ist durch die Sorge um die Umwelt, den Klimawandel oder das Artensterben, lässt Heiterkeit, Lebensfreude, Unbeschwertheit nicht zu; es ist auch das Fehlen einer irgendwie verbindlichen Moral und mehr noch der Umstand, dass es eine von einer solchen Moral getragenen Anleitung zum und im Leben nicht gibt, keine

Orientierungslinien zur und bei der Herausbildung eines Menschen.

106

In dem Maße, in dem die menschlichen Betätigungen, Verbindungen, Manifestationen sich ins Internet und in die Datenwelt, ins Virtuelle verlagern, verliert sich der Mensch: er verliert sein Ich. Er wird zum vermeintlich freien Agenten, dessen Bewegungen von den Instanzen bestimmt werden, die die Daten und Informationen gebündelt haben und über das Ich als Ganzes, in kleine Teile zerlegt und wieder zusammengesetzt, verfügen. Das Virtuelle wird zum Wirklichen, das Reale wird zur Nachahmung einer Realität. Diese Realität hat keine Bestimmungskraft für das Verhalten zum Virtuellen. Im Ergebnis und in der Tendenz ist es das Virtuelle, das bestimmt, ist es das Reale, das gehorcht.

107

Nicht die Spannungen in der Welt, nicht die Last einer Pandemie erdrücken so sehr wie der Ausfall des Positiven, die schwindende Möglichkeit, sich eine gewünschte menschenfreundliche Entwicklung auch nur vorzustellen.

108

Das, was Schicksal im Privaten meint, verliert an Gewicht: das Schicksal braucht Konturen und Strukturen in der sozialen Welt, im Verhältnis zu denen sich das Schicksal vollziehen kann; es braucht Ereignisse, Erschütterungen mit sozialen Umwälzungen, moralischen Brüchen verbunden. Die Banalisierung durch den digitalen Hyperkapitalismus lässt solche Ausprägungen nicht mehr entstehen – das Leben löst sich auf in seinem Vollzug, möglichst ohne Konturen, ohne Brüche und ohne Gewicht.

109

Die Schwäche der metaphysischen Welterklärungen hat nichts zu tun mit dem metaphysischen Empfinden. Dieses bleibt, weil es den Menschen ohne solchen Sinn nicht geben kann. Wenn aber der metaphysische Sinn verdörrt und nicht gepflegt wird, wenn er negiert wird und seine Schwächung als Fortschritt gelten soll, gibt es keinen Grund, über die Folgen (»Auszehrung«, »Verfall«, »Entropie der Vernunft« und dergleichen) erstaunt zu sein.

110

Dass vom Verschwinden der Metaphysik, von ihrer Bedeutungslosigkeit für die Gegenwart recht allgemein die Rede sein kann, hat einen Grund, der nicht in den Verhältnissen liegt, sondern im Begriff: wird Metaphysik verstanden als Versuch der Ordnung für das Ganze des Lebens in einem erklärenden System, in einen sich dem Denken erschließenden Sinn des Ganzen, aus dem sich auch der Sinn des einzelnen Lebens ableiten ließe, ist in der Tat das Vertrauen auf die Kraft solchen Denkens abhandengekommen. Im Innersten aber trifft dieser Niedergang die Metaphysik nicht. Metaphysik ist im Ausgang nicht bestimmt durch Welterklärungen, sondern durch Fragen, durch die Fähigkeit zu fragen. Metaphysisches Denken hat seinen Bereich in der Suche nach einem Weltverhältnis und einem Weltverständnis im Ganzen jenseits dessen, was dem Wissen von Einzeldingen zugänglich ist. Metaphysik ist zum einen Einsicht in die Grenzen des Wissens und zum anderen Öffnung für Fragen. Sie lehrt, in der Fragwürdigkeit zu verweilen, in der Nachdenklichkeit, dem Bedenken. Ihr Ziel ist nicht die Antwort, sondern die Fähigkeit zum Umgang mit den Fragen, deren Vertiefung und Verfeinerung. Es ist nicht ohne Nutzen, antwortlos bleibende Fragen zu stellen; es ist der Umgang mit den Fragen der Metaphysik, der dem Menschen ein Maß vermitteln kann, einen Begriff von der Größe des Menschen, von menschlicher Würde, von der abgründigen Not und gleichzeitig von der Schönheit der Welt und des Lebens. Es ist gerade jene Unergründlichkeit, die den Menschen erschüttert, ihn in ein Gefühl der Nichtigkeit taucht und zugleich zu einer Großartigkeit erhöht. Es ist solches Denken – und nicht das »Wissen« –, das das Gegenstück ist zur Religion, zum Glauben: der Glauben sucht eine hinreichend intensive Überzeugtheit von Antworten mit den Mitteln der Erzählung, des Erlebens, des Ritus zu schaffen; die Nachdenklichkeit lehrt den Umgang mit den Fragen, von denen die Religion ihren Ausgang nimmt: Fragen nach Seele, Unsterblichkeit, Freiheit, Fortleben, vielleicht auch dem Absoluten, dem Heiligen, ohne auf den Glauben Rückgriff zu nehmen. Zu Unrecht hat solches Denken in der Gegenwart wenig Bedeutung.

111

Wie war es möglich, dass die Metaphysik sich hat verdrängen lassen, dass ein metaphysisches Empfinden als in der Gesellschaft wirkendes Phänomen nur wenig mehr wahrzunehmen ist? Genügt der Hinweis auf das Gewicht von Wissenschaft und Technik in der Moderne, um dieses Schwinden verständlich zu machen? Ist es ein unausweichlicher Gang der Geschichte, dass irgendwann von Metaphysik nichts und vom Menschlichen wenig mehr bleiben?

112

Ist es so, dass das »alte Menschenbild« zu sehr die Betrachtung der Welt bestimmt und dass es sich zu wenig offen zeigt gegenüber dem Neuen? Wäre es richtig, eine ganz andere Vorstellung vom Menschen gelten und über die Zukunft entscheiden zu lassen, welcher Art Mensch bleiben oder kommen soll? Normative Vorstellungen dazu gibt es im Grunde nicht. Es ist dem Gang der Welt überlassen, wie sie sich den Menschen der Zukunft formen will nach den jeweiligen Mächten und Interessen in ihr.

113

Es gibt bei Philosophen eine Manier, die Welt so zu deuten, dass mit ihnen, gerade mit ihnen, große Dinge an ein Ende kommen: die Metaphysik »stürzt«, die Vernunft »dörrt aus«, die Welt »verfällt«. Pessimistische Aussagen und Voraussagen mögen sich heute auf naheliegende, offensichtliche Tatsachen stützen können – eines Hanges ins Absolute des Urteils oder der Aussage sollten sie sich enthalten.

114

Es geht nicht darum, vergangene Zeiten zurück zu wünschen oder mit Trauer sich an sie zurück zu erinnern; es geht vielmehr um die Möglichkeiten, die in der Zukunft liegen: sie bestimmen sich nach dem, was die Gegenwart als Spielraum der Entwicklung lässt. Nimmt die soziale Welt in der Gegenwart Schaden, neigt sie jedenfalls in Teilen zu Schwächung und Verfall, kann dagegen eine gewünschte Entwicklung nur schwer durchgesetzt werden. Das Neue ist weder von Natur aus gut noch schlecht. Es ist schlecht, wenn es so gar nicht den menschlichen Interessen entsprechen kann, sich vielmehr nur ökonomisch-technischen Beweggründen verdankt.

115

Der metaphysische Sinn bedarf der Pflege, der »Herausbildung«, der Übung. Eine ökonomisch-gesellschaftliche Konstellation, die den Willen und die Fähigkeit hat, den Menschen nach ihrem Bild und ihren Interessen zu formen, kann ihre Macht umso leichter wirken lassen, je mehr sie Nachdenklichkeit, eigene Orientierung beiseiteschieben und sie durch Hinlenken auf Unwesentliches ersetzen kann. Dass die Bedingungen, von denen die Möglichkeit metaphysischen Empfindens abhängen, nicht verloren gehen, ist die vielleicht dringlichste aller Sorgen; dass es gelingen könnte, einem Absterben, einem Verschwinden dieses Empfindens und seiner Wahrnehmung in der Welt sich entgegenzusetzen, ist die triftigste aller Hoffnungen. Das Gewicht solcher Fragen ist so groß, dass eine auch schwache Hoffnung einem jeden genügen muss, um zu verhindern, dass er verzweifelnd aufgibt, was seine Eigenschaften als Menschen doch ausmacht.

Transzendenz

116

Transzendenz ist die Weise, in der die Welt sich menschlich erhält. Sie schafft den Atem und Ausgriff über das Irdische hinaus, auf die Hervorbringungen der Menschheit, die ihrerseits von dem Bedürfnis nach Ausdruck, Mitteilung, nach Überschreitung, getragen werden. Ohne Transzendenz kann der Mensch als mehr als ein biologisches Wesen nicht gedeihen. Verlieren würde sich, was den Menschen überhaupt ausmacht.

117

Transzendenz meint nicht ein Flattern im Ungefähren, Beliebigen – im Gegenteil: Transzendenz, von einem metaphysischen Empfinden getragen, verlangt ein Ernstnehmen des irdischen Lebens, die überlegte Bestimmung des eigenen Standes in der Welt. Nur wenn die »reale« Welt erfasst ist, ist eine Überschreitung möglich. Transzendenz hat eine Herleitung, einen Grund, und eine Tendenz, der sie folgt; einen Zielpunkt hat sie nicht.

118

Die Metaphysik trennt sich in eine »Ursprungsphilosophie« mit dem Fragen nach dem letzten, genauer: dem ersten Grund, dem ursächlichen Anfang, einerseits und den metaphysischen Sinn, die Frage nach dem Leben, der Freundschaft, dem Schicksal (nach Art der Moralisten), nach der Bedeutung der Endlichkeit, der Sehnsucht, der Subjektivität, der Transzendenz. Die Kritik an der Ursprungsphilosophie mag berechtigt sein und insoweit – nur insoweit – kann man von einem »nachmetaphysischen Denken« reden, freilich nur, wenn gleichzeitig der metaphysische Sinn verteidigt wird, sein Wert und seine Bedeutung.

119

Das metaphysische Empfinden kann ohne Objekt auskommen, als gegenstandslose Subjektivität. Es ist dann Einlassung, Verweilen im Denken, Nachdenklichkeit, Aufgehobenheit dem Empfinden nach.

120

Das Gegenständliche und das Objekthafte können kein Heiliges, Sakrales sein. Das Heilige kann kein Objekt sein, kein Gegenstand der Erfahrung, der Inbesitznahme. Nur dem Empfinden nach mag es eine Berührtheit durch das Heilige geben; es ist eine Empfindung ohne Vergewisserung eines gegenständlichen Seins. Die Empfindung des Heiligen aber ist eine Wirklichkeit. Es ist die Wirklichkeit, auf die die Transzendenz geht. Heilig aber ist – wenn man so will – das Empfinden des Heiligen; das Heilige ist ohne Gegenstand.

121

Der Impuls, der die Grenzen von Erfahrung und Wissen transzendiert, der vergeblich warten lässt auf die Antwort zu seinen Fragen, ist es, der das Leben im Schweben hält. Der berechnende Verstand, der solche Fragen in strenger Observanz als sinnlos abtun will, hätte nichts verstanden: er würde nicht sehen, dass ein Gutteil aller Hervorbringungen der Kultur, der Kunst, der Dichtung, der Philosophie und der Musik nicht auf einem Fundament sicheren Wissens beruht, sondern auf jener Unruhe, jenem Impuls, der weiter drängt und sich Ausdruck sucht.

122

Es gibt keine scharfe Trennung zwischen Vernunft und Weisheit. Die wichtigsten Fragen des Lebens liegen im Saum zwischen beiden: Fragen nach dem Sinn des Lebens, nach Vergänglichkeit oder nach »Glückseligkeit«. Die Geringschätzung der Weisheit führt zur Ausdünnung der Vernunft, wenn die Weisheit sie ganz verlässt.

123

Wenn Metaphysik zwischen Wissenschaft einerseits liegt und der Religion andererseits, dann sind es die jeweiligen Randzonen, die Interesse verlangen; denn in ihnen stellen sich die Fragen, die dem Leben erheblich sind und die Menschen umtreiben. In den Randzonen der Wissenschaft findet sich auch die Frage nach den Grenzen der Wissenschaft: zu Zeit und Raum, zum Weltall, zu den Grenzen im Großen und Kleinen.

Hierher gehört auch die Frage nach dem Grund für die Existenz von Konstanten in der Welt der Physik und Astronomie. Woher stammen diese Festlegungen? Können sie sich ändern in der Zeit?

124

Die kleine Metaphysik besteht aus den Fragen nach Schicksal, Zufall, Möglichkeit und Notwendigkeit, nach Einheit der Dinge und nach der Ordnung der Einzelheiten. Es sind die Fragen, die sich in dem Zwischenreich zwischen Irdischem und Himmlischem stellen; dahin gehören auch die kulturellen Hervorbringungen und all das, was der Wirkung nach Transzendenz bewegt: Kunst, Musik, Dichtung, Kultur. Es geht auch um die Begründung und Präsenz eines metaphysischen Empfindens in der Alltäglichkeit, in Verständnisformen zur Wahrnehmung der Welt und des Lebens, in Verhaltens- und Umgangsweisen. Eine Metaphysik, die so am menschlichen Dasein anknüpft, führt keineswegs notwendig zu Verfallenheit in Technik und Gestaltungswahn – im Gegenteil: es ist das Fehlen, der Ausfall jeder Metaphysik, das Bestreiten metaphysischer Erfahrungen und metaphysischen Sinns, der das instrumentelle, rein berechnende Denken herbeiführt oder unterstützt.

125

Die kleine Metaphysik entspricht dem Blick von unten: nicht die großen Fragen und Behauptungen der großen Metaphysik sollen bestimmend sein, sondern die aus dem Alltag abgeleiteten Fragestellungen, Empfindungen und Erlebnisweisen, deren Gehalt an Metaphysischem nicht notwendig geringer ist als der der großen Fragen. Sie ist Metaphysik der Alltäglichkeit.

126

Zur kleinen Metaphysik gehören auch die Elemente, die sich den Verstandeskategorien und der Berechnung entziehen, die aber zutiefst das menschliche Empfinden und Erleben prägen, so etwa Wehmut, Sehnsucht, Liebe.

127

Zu ihren Begriffen gehören Vergänglichkeit, Glück, empfundene Unmöglichkeit. Wie kann, was möglich war oder als solches doch erschien, zur Unmöglichkeit werden, wie kann die mögliche Begegnung, die es nicht gab, im Nichts verschwinden?

128

Das vorrangige Moment der kleinen Metaphysik ist nicht die Unergründlichkeit, sondern die Transzendenz: Sie beschäftigt sich mit Fragen des konkreten Lebens, mit Erfahrung, Wissen, und gleichzeitig mit dem, was den Bereich des Wissens überschreitet. Die kleine Metaphysik steht zwischen der Metaphysik der großen Fragen einerseits und der Erfahrung, dem Erleben andererseits. In ihr können Erkenntnis, Erfahrung und metaphysisches Empfinden ein Stück weit zusammenfließen.

129

Transzendenz führt zu Einlassung und Berührtheit (durch Musik, Dichtung, Kunst u. a.) und gleichzeitig zur Erhöhung durch Teilnahme, Gemeinsamkeit und Erleben.

130

Das menschliche Leben ist ein Leben im Zwischenreich mit Einlassung und Distanz in einem. Vom Irdischen aus sucht sich das menschliche Leben einen Raum zu schaffen, der durch Kunst, Kultur, Dichtung und Musik und Philosophie eine Überschreitung sein soll. Es ist eine Transzendenz ohne festes Ziel.

131

Das Zwischenreich ist der Bereich, in dem die metaphysischen Fragen bleiben, die Annäherung an sie aber mit Fertigkeiten und Formen (Kultur, Musik, Kunst) gesucht wird. Dabei geht es nicht um eine Antwort auf metaphysische Fragen, sondern darum, Fragen tiefer greifen zu lassen, mit dem Versuch von Antworten mit Lebensweisheiten und Weisheitsregeln, die immer Ausdruck von Bemühen und Suche bleiben, nie aber Gewissheit beanspruchen können.

132

Die Fragen nach dem Sinn des Lebens und nach dem, was in ihm noch zu hoffen bleibt, stehen zwischen Glauben, Metaphysik und Wissen. Den Gläubigen drängt der immer mögliche Glaubenszweifel, den

Nachdenklichen die immer gegebene Fragwürdigkeit, den Wissenschaftler die Einsicht in die Begrenztheit seines Wissens dazu, diese Fragen in jener Zwischenzone zu lassen, in der es einen festen Gehalt und eine gewisse Antwort nicht gibt, der sich aber aller Reichtum, alle Vielfalt, alle Schönheit des Lebens verdankt.

133

Der moderne Kapitalismus hat eine natürliche Abneigung gegen alle Formen der Transzendenz: in ihnen liegt ein Element der Unberechenbarkeit, der Selbstbesinnung und Autonomie. Eben deshalb unternimmt er bewusst und bestimmt alles, um die Fragen des Lebens ins Sinnlose abzudrängen, sie ganz an der Oberfläche zu halten, als belanglos beiseite zu schieben und den Sinn für Transzendenz verkümmern zu lassen. So bringt er die Menschen um ihre Würde und vereitelt jeden Gedanken an »Sinn« im Leben im Ansatz.

134

Wie steht die kleine Metaphysik zum Wissen? Sie besteht aus den Fragen, die sich ergeben aus dem Erleben in der Welt. Sie fragt nicht nach der Unendlichkeit, sondern nach der Vergänglichkeit. Die Voraussetzungen verständlich zu machen für dieses Erleben und diese Formen mögen Anthropologie, Psychologie, Ethnologie beschäftigen – die Fragen beantworten können sie nicht. Es wäre Anmaßung, wollte eine Wissenschaft erklären, was Schicksal, Zufall, Einmaligkeit, Möglichkeit oder Unmöglichkeit im Innersten sind.

135

Die Fragen der kleinen Metaphysik können nicht beantwortet werden; man kann mit ihnen als bleibende Fragen umgehen (zum Beispiel: Fragen der Vergänglichkeit, des Schicksals, des Zufalls, der nicht realisierten Möglichkeiten, der Einmaligkeit der Existenz). Es sind Fragen, die aus dem Vollzug eines Lebens kommen. Sie sind gleichsam innerweltlich, aus dem Leben veranlasst, und suchen nach einem Grund, den sie im Irdischen nicht finden werden.

136

Die kleine Metaphysik geht nicht auf in Psychologie, Soziologie und anderen Zweigen der Wissenschaft; es bleibt in ihr das Rätselhafte, Unaufgelöste, die Widersetzlichkeit gegen eine Einordnung, die das Spezifische nicht ernst nimmt.

137

Wird »Zufall« nicht auf ein je partielles Geschehen beschränkt, wird er nicht als eingebunden in ein Gesamtgeschehen mit anderen, dem vernünftigen Nachvollzug zugänglichen Elementen gesehen, vielmehr als Generallinie allen Geschehens genommen, entfällt jeder Gedanke an eine höhere Ordnung von Anfang an; es entfallen jede Vorstellung eines Sinnes wie auch der Antrieb zu einem verändernden, von Willen und Bewusstsein getragenen Eingriff. »Zufall« hat seine – allemal beschränkte – Bedeutung im Leben und im Spiel; dort, wo er wirkt, entzieht er sich im Einzelfall der Berechnung und der Voraussage. So bleibt er im

Letzten seines Wesens doch ein Stück weit rätselhaft, Fragen ausgesetzt und an die Frag-Würdigkeit des menschlichen Lebens erinnernd.

138

Es fällt schwer, nicht an eine Ordnung des Lebensgangs zu glauben, an einen Wesenskern des Ichs, der die Wechselfälle des Lebens verarbeitet, sie einfügt in eine Einheit, in einen »Charakter«, eine »Person«, und ihnen so »Sinn« verleiht. Und doch: es ist zu einem Gutteil der Zufall, mag er sich auch als Fügung bezeichnen, der über das Schicksal entscheidet, zu lebensbestimmenden Begegnungen führt oder nicht, zu Entwicklungen, Ereignissen oder Schicksalsschlägen. Von ihm hängt ab, ob objektiv gegebene vielfältige Möglichkeiten sich entfalten oder verdorren, ob Begabungen gefördert werden oder ungenutzt verkümmern. Von Geburt an über die Herausbildung zum Erwachsenen sind die Lebensumstände wesentlich bestimmt, gleichsam vom Schicksal zugewiesen, die Lebenslinien vorgezeichnet, auch wenn sie dann im Rahmen der Vorgaben, wenn auch mit Abweichungen, von einem bewusst geführten Leben gezogen werden. Mag eine Eigenschaft oder ein Ereignis eine Ursache haben – eine Krankheit, die auf einen Gendefekt zurückgeht –, so ist sie doch ohne Erklärung für die konkrete Betroffenheit (»warum gerade ich?«).

Dass der Geist und die Vernunft nichts vermögen gegen das, was als Zufall erscheint, dass ein gegebener Gang des Lebens in seiner Zufälligkeit sich nicht durch einen Eingriff der Vernunft im Nachhinein korrigieren lässt, dass der Zufall – ein Nichts an Vernunft – wesentlich über ein Leben entscheidet, ist ein schwer zu ertragender Gedanke. Wie sich mit dem Zufall und dem Schicksal, zu dem er führt, abfinden, wenn es jenseits bewusster Lebensführung Sinn- und Grundlosigkeit sein sollten, die Regie führen? Wie lässt sich die – berechtigte – Annahme von der Größe des Menschen vereinbaren mit solcher Sinnleere, die doch über Lebensgänge in Ganzen bestimmt?

Auf göttlichen Ratschluss als Grund kann tröstend die Religion verweisen, nicht aber das Denken. Will man nicht in dem Gedanken Trost suchen, dass das mit dem Zufall verbundene »Unrecht« einen Ausgleich finden muss in einer Art Unsterblichkeit, in der alle Möglichkeiten Wirklichkeit werden könnten, bleibt nichts anderes denn als unergründlich hinzunehmen, was sich dem rationalen Verständnis entzieht.

139

Gründet sich das, was »Schicksal« meint, auf eine bestimmende, in höheren Sphären angesiedelte Kraft, eine Macht, die nicht nur den Gang des Weltalls bestimmt, sondern auch den Lebensvollzug eines jeden? Wenn es sie gibt, können wir nichts von ihr wissen und nichts über sie sagen. Das Verhältnis zum Begriff des Schicksals ist zwiespältig: es gibt in ihm Elemente, für die wir einsichtige und nachvollziehbare Gründe nicht angeben können: warum ist die Lebenszeit der Menschen so sehr verschieden, warum lässt das Schicksal den einen unter schwerer Krankheit leiden, den andern, der »Glück« hat, ohne Beschwerden ein hohes Alter erreichen? Warum muss das Schicksal als Inbegriff gelten des Unrechts, der Ungerechtigkeit? Es bleibt ein Rest an Ratlosigkeit, an Unergründlichem. Wenn das Schicksal seine Gaben ungleich und ungerecht verteilt, ist es die umso drängendere Aufgabe, jedenfalls das Unrecht, das menschlichem Zugriff unterliegt – die Ungleichheit der Ausgangsbedingungen für ein Leben – so gering zu halten, wie es geht. Die Ungleichheit kann sehr wohl durch bewusste soziale, ökonomische und kulturelle Gestaltung in ihrem Maß beeinflusst werden. Sie zu verringern, würde bedeuten, dass soziale Bedingungen für das jeweilige Leben nicht schon eine Vorauswahl für das zukünftige Schicksal treffen könnten. Eine massive Reduktion der maßlosen Ungleichheit würde den Bereich des willkürlich Erscheinenden, Unerklärlichen mindern und das Bewusstsein eigenen Handelns und eigener Verantwortung erhöhen. Dem Schicksal würde immer noch hinreichend Spielraum für sein Wirken bleiben, dessen Wege unergründlich sind.

140

Nur auf den ersten Blick erscheint es einfach, Möglichkeit und Unmöglichkeit einzuordnen und zu trennen. Der reine Verstand aber ist nicht in der Lage, zu erfassen, was geschieht, wenn die Möglichkeit zur Unmöglichkeit wird: ein junger Mann begegnet in einer Bäckerei einer Frau, die ihm ins Auge fällt; er wechselt mit ihr nur wenige Worte, antwortet auf ihr Lächeln mit Verlegenheit; die junge Frau geht. Der junge Mann wird sie in diesem Leben nicht wiedersehen. Vielleicht noch nach Jahrzehnten wird er sich an diese kurze Begegnung erinnern mit der Erwägung, dass die junge Frau vielleicht die Liebe seines Lebens geworden wäre – und vielleicht hat er in diesem Gedanken recht. Was ist dieser Umschlag von einer gegebenen Möglichkeit in eine Unmöglichkeit? Der äußere Vorgang lässt sich leicht nachvollziehen; in seiner Bedeutung verstehen lässt er sich nicht. Es ist das offensichtliche Missverhältnis, das zwischen dem Handeln oder Nichthandeln in einer Alltäglichkeit und den tiefgreifenden Folgen besteht. Wie beim Schicksal mag der Gedanke entlasten, dass der konkrete Verlauf, die gegebene Möglichkeit und die folgende Unmöglichkeit auf ein höheres Wirken zurückgeht oder dass doch das Fragen bleibt.

141

Die Möglichkeit, die – aus welchen Gründen auch immer – nicht zur Entfaltung kommt, stirbt als Möglichkeit langsam ab und vergeht. Darin – einem Tod im Leben – liegt etwas Unbegreifliches, zutiefst Beunruhigendes. Es drängt zu der Frage: welche Gründe haben verhindert, dass die Potentialität zur Aktualität hat werden können, dass von dem, was als konkrete Möglichkeit, als Reichtum und Fülle angelegt war, nichts bleibt, dass sich das Leben gleichsam verfehlt? Ist es ein nicht greifbares Schicksal (»das Leben hat mir übel mitgespielt«), eine hinreichende Erklärung? Im Letzten bleiben die Fragen, wenn ein vorschneller Hinweis auf »Schuld« unterbleibt, wohl ohne Antwort.

142

Nicht, dass die Lebenszeit zu kurz sei, ließe sich dem Schöpfer, wenn es ihn gibt, entgegenhalten; es ist viel eher der Umstand, dass wir einmal nur leben, dass der Lebensvollzug gleichsam in einem Strich besteht, dass es keine Abweichungen, Verdoppelungen, Parallelen, keine Wiederholung und keinen Rückwärtsgang gibt. Die Einmaligkeit des Lebens mit der ehernen Festlegung auf eine Linie gehört zur menschlichen Natur. Dass es zwingend so sein müsste, ist nicht ganz einsichtig. Es bleibt die Frage offen nach dem Grund und der Notwendigkeit, die diese Einrichtung des Lebens trägt. Wichtiger ist es, in diesen Fragen zu verweilen als ihrem Gewicht durch Fantastereien, Science-Fiction und dergleichen sich zu entziehen suchen.

143

Vergänglichkeit ist die Veränderung im Zustand, die der Endlichkeit entspricht. Sie zwingt den Menschen, sich einzulassen auf den im Grunde merkwürdigen Umstand, dass er im Gegenwärtigen und Konkreten ist und gleichzeitig der Möglichkeit nach nicht ist. Die Vergänglichkeit ist natürlich und unergründlich zugleich. Es gibt keine Möglichkeit, sich den Fragen zum Grund dieser Entgegensetzung zu entziehen. Es liegt in ihr kein verständlicher Widerspruch; keine Dialektik kann ihre Härte mildern. Verstehen lässt sie sich vielleicht nur, wenn ein höherer Ratschluss, der die Dinge eben so eingerichtet hat, erklärend oder doch behauptend oder glaubend zu Hilfe genommen wird. Dem Denken bleibt das Nachdenken, das metaphysische Empfinden.

Deutlicher als beim »Schicksal« ist der Einbruch der Transzendenz – die Verbindung von Metaphysischem, Transzendentem und Weltlich-Irdischem – in der Liebe. Auch wenn der Begriff vielerlei Bedeutungen und Verständnisweisen trägt, lässt sich doch ein Bedeutungskern ausmachen: die Liebe, aus dem Bereich des Irdischen, Innerweltlichen kommend, lässt den Menschen die körperliche Gebundenheit übersteigen, nach einer Annäherung der Seelen suchen und darüber hinaus in Sphären des Geistes streben. Von der irdischen Liebe, wird von manchen gesagt, geht ein Verbindungsstrang auch hin zur »himmlischen« Liebe. Gewiss ist, dass die Liebe zu Verständnisformen führen kann, die in der Religion ihren Ort haben oder doch in vorzugsweise religiösen Begriffen sich Ausdruck verschaffen: die Liebe ist nicht allein ein Geschehen unter den Menschen; sie soll auch bezeichnend sein für das Verhältnis zu Gott und das Verhältnis des Gottes zum Menschen. Mit der »himmlischen« Liebe ist dabei nicht ein Aufstieg ins Paradiesische gemeint, sondern ein Erleben, das in Verbindung bleibt mit dem Irdischen. Das Leben der Menschen besteht wohl in eben dieser Verbindung: Sie leben im Irdischen, unter den weltlichen Dingen, und stehen gleichzeitig, durch die Liebe vermittelt, in Verbindung mit dem Geistig-Überirdischen, dem Ungreifbaren, Unerklärlichen und doch Wirklichen. Das Gefühl, dass es so sei oder doch sein könnte, dass jedenfalls die tief empfundene Liebe den einzelnen und selbst auch die Liebenden übersteigt, Ewigkeit im Augenblick sehen will und sich als dem Irdischen enthoben, macht die Liebe aus – das, was man an ihr zutiefst verehrt, als Überstieg des Menschen über sich selbst und die irdische Enge hinaus, als Verbindung mit einem ungreifbaren Allgemeinen. Es ist diese Transzendenz, die die Liebe, wenn man so will, zu einer Himmelsmacht macht, zum Größten und Tiefsten und Höchsten vielleicht, was menschlichem Leben zugänglich ist.

145

Die Liebe bezieht ihre Kraft aus der (vorübergehenden) Aufhebung der Differenz zwischen Augenblick und Ewigkeit, aus der Aufhebung der Zeit.

Der für diese Transzendenz im Mythos zuständige Gott ist Eros. Er schafft nicht nur Verbindungen unter den Menschen, er fördert zugleich das Streben nach wahrer Erkenntnis und nach Schönheit. Der filigrane Bindestoff aus seidenen Fäden, den er verwendet, das Erotische, stammt aus dem Irdischen und lebt doch von den Vorstellungen und Empfindungen, die über dieses Irdische hinausgehen, zur Idealisierung drängen. Das Erotische bleibt immer im Schweben, ohne feste Konturen und ohne Verfügbarkeit. Es bewegt sich zwischen dem konkret Gegebenen und dem, das sich entzieht, zwischen der Distanz, die es braucht und der Nähe, die es sucht. Das Erotische geht, wenn ihm keine Möglichkeit gelassen ist, in der Andeutung und im Mittelbaren zu bleiben. Eben das, was Wirklichkeit ist und Wirklichkeit überschreitet in einem, ist es, was das Erotische mit der Liebe eng verbindet.

146

Von kaum geringerem Rang als die Liebe ist unter den Begriffen der kleinen Metaphysik die Freundschaft. Sie teilt mit der Liebe den Überstieg über die endliche Subjektivität, das Bestreben, die Begrenzung der jeweiligen eigenen Individualität zu überschreiten. Mag ein Verständnis der Freundschaft als Verdoppelung der eigenen Existenz, als Gemeinschaft der Seelen ihre Eigenheit überzeichnen, bleibt doch, dass sie Ausdruck einer Möglichkeit ist, aus wechselseitigem Verstehen, aus Vertrautheit, auf Dauer angelegt, aus interessenloser Einlassung auf den anderen eine Erweiterung des eigenen Daseins zu gewinnen, deren transzendierende Wirkung im Grunde unerklärlich bleibt. Sie hebt das Gefühl auf, in der Welt auf sich allein gestellt oder aus ihr gefallen zu sein, ohne Möglichkeit zu bleiben, sich mit-teilen zu können in dem, was im Innersten bewegt und gesagt sein will. Auch und gerade in Zeiten, die die gesellschaftlichen Funktionen und Lebensbereiche zergliedern, auf- und abteilen, ist es die Freundschaft, die sich der Partikularisierung und Vereinzelung entgegensetzt. Freundschaft ist, auf ein denkendes und fühlendes Subjekt bezogen, ein Element der Transzendenz.

147

Schönheit ist nicht einfach eine Bezeichnung für all das, was ohne Begriff allgemein gefällt. Schönheit beunruhigt mehr, als dass sie Blick und Gedanken zur ruhigen Harmonie kommen ließe. Schönheit hat eine Verweisfunktion: Sie verweist auf eine tiefere Schicht als die des Wohlgefallens, der ästhetischen Befriedigung. Ohne Absicht der Wirkung und ohne Interesse geht sie auf ein Inneres, auf einen allgemeinen Begriff der Reinheit oder der Moral oder, wie manche meinen, gar der Wahrheit oder eines wie auch immer gedeuteten Absoluten. Gleichzeitig ist es, als wäre die Schönheit nicht ganz im Irdischen daheim. Es bleibt der Eindruck eines Unfasslichen, Unerreichbaren. Schönheit ist mit Transzendenz verbunden. Die Beunruhigung, die von ihr ausgeht, kann nicht still gestellt werden. Es bleibt ein »metaphysischer Hof« und keine Rationalisierung kann ihn zum Verschwinden bringen.

148

Es sind drei Bereiche, von denen die Rede war: dem Bereich der großen Fragen (Gott, Seele, Freiheit, Unsterblichkeit u. a.), dem Bereich des Irdischen, in dem sich das kreatürliche Leben vollzieht, und dem Bereich, der zwischen jenen großen Fragen und dem Leben im Irdischen liegt. In diesem Zwischenbereich stellen sich die Fragen der »kleinen Metaphysik«. Sie entstehen aus den Fragen des Lebens, in Begriffe und Kategorien gefasst (Schicksal, Zufall, Krankheit, Alter, Leben und Tod u. a.) und sind mit der Behauptung verbunden, dass sie über ihren sachlich-praktischen Gehalt, ihre Bezeichnung eines Lebenssachverhaltes hinaus einen »metaphysischen Hof« – einen Hof, wie er den Mond umgibt – mit sich führen, der sie umgibt und im Grunde erst verständlich macht. Vom Bereich des Irdischen her ist es die Transzendenz, die zur Überschreitung des rein kreatürlichen Lebens drängt. Menschliches Leben sucht Ausdruck zu finden, sich zu verstehen, in Bezug zu setzen zu den Hervorbringungen, die sich ihrerseits dem Bedürfnis nach Transzendenz verdanken, etwa der Musik, der Kunst, der Poesie, zum Denken. So verbinden und verweben sich in dem Zwischenreich die Fragen und Anliegen der »kleinen Metaphysik«, die sich oft aus persönlichen Lebenslagen stellen, mit dem, was vom Irdischen herkommend und es transzendierend als Manifestation eines tiefen menschlichen Bedürfnisses gelten kann.

Man kann in den Hervorbringungen der Kunst, Musik oder Poesie durchaus einen metaphysischen Gehalt sehen; gerade er ist es, der im Inneren die Menschen zu Fragen bewegt, sie berührt und gleichsam eine Überschreitung des Irdischen dem Empfinden nach erzeugt. Gerade er ist es, der die Menschen im Irdischen lässt und sie gleichzeitig darüber hinausweist. Es ist diese Überschreitung, die dem Menschen Größe und Würde verleiht.

Sein, Sinn und Nichts

149

Ist es so, dass die dem Menschen zugemessene Endlichkeit, die Vergänglichkeit, dem Leben erst Wert und Würde verleiht? Mit der Endlichkeit ist der Mensch nicht durch ein gleichsam natürliches Bewusstsein von vornherein vertraut. Die Endlichkeit, um ins Bewusstsein zu treten, bedarf äußerer Umstände, der Daten und Zahlen, Geburtstage, bedarf des Blicks auf den Körper und der Veränderung. In Träumen, so scheint es, gibt es ein Alter und Altern nicht oder kaum. Das Bewusstsein hat kein eigenes Verhältnis zur Endlichkeit; was die Grammatik ankündigt (»ich bin tot« ist eine nicht mögliche Aussage), findet seine Entsprechung im Denken: wir haben keine Vorstellung unseres Nicht-Seins.

150

Der alte Mensch, der sich noch vier, fünf Jahre zu leben gibt, tut Unrecht, wenn er die Kürze der bleibenden Zeit bedauert. Den Gehalt und Wert seines Lebens kann er nur ermessen, wenn er die vergangenen Jahre, die gehabten Freuden und Leiden, das Erleben im Ganzen sieht, wenn er das Leben nimmt als das, was es ist: eine aus Vergangenem, Gegenwärtigem und Zukünftigem gefügte Einheit.

151

Die Endlichkeit stört. Das Dasein kann sich nicht einlassen auf sein Nicht-Sein. Es wehrt sich durch den Glauben. Dessen Kern in den Religionen ist die Leugnung der Endlichkeit und die Annahme eines Fortlebens, in welcher Form auch immer. Es wehrt sich auch, indem es Werke schaffen lässt, die – stellvertretend für ihren Schöpfer – den Tod überdauern sollen. Und es wehrt sich, indem es, wenn nicht der Person, so doch ihrem Namen Dauer zu verleihen sucht. Hilflos ist der Versuch, durch aufwändige Denkmäler, Inschriften und dergleichen auf Dauer der Endlichkeit zu entgehen. Gleiches gilt für »gute Werke«, die, den Namen des Stifters führend, seinen Namen über die Endlichkeit tragen sollen. Immer ist die Wirkung beschränkt. Sie bleibt in einem engen Zeitrahmen: es ist eher unwahrscheinlich, dass in, sagen wir, 100.000 Jahren – wenig in der Zeitrechnung des Weltalls – die Erdenbewohner sich einen Begriff machen können aus Namen selbst wie »Goethe« oder »Hegel« und den mit diesen Namen verbundenen Menschen. Von den Erinnerungstafeln und Denkmälern aber bleibt wenig mehr als der Stein.

152

Die Endlichkeit verdient Lob. Sie ist Erhöhung, nicht Leugnung des Lebens. Die Vorstellung der Unendlichkeit, und würde sie auch mit der Verheißung eines Paradieses einhergehen, erschreckt. »Ewiges Licht«, »ewige Glückseligkeit« sind Begriffe der Irrelevanz, der Ereignislosigkeit und – aus der Perspektive eines Subjekts – des Nicht-Seins. Auch die ewige Wiederkehr des Gleichen ist kein Ausweg aus dem Umstand, dass es keine Veränderungen, kein Ereignis, keine Relevanz des Erlebens geben kann. Aus der Sicht des endlichen Lebens wäre die Unendlichkeit ein Paradies, das von einer Hölle nicht zu unterscheiden wäre. Perspektive und Entwicklung gäbe es – wenn überhaupt – nur im Fegefeuer; es ist die ins Unendliche eingebettete Endlichkeit.

153

Der Gedanke, dass die Endlichkeit vorzuziehen sei, ist alt. Der trojanische Königsohn Paris hat unter den Göttinnen, unter denen er die schönste auswählen sollte, derjenigen den Vorzug gegeben, die nicht göttliche Macht versprochen hat, sondern derjenigen, die Vermittlung irdischer Schönheit und deren Erleben angeboten hat. Macht und Wissen mögen etwas in sich tragen von Überschreiten der Endlichkeit; die Schönheit, nicht anders als die Freiheit, aber bleibt – ungeachtet ihrer Verweisfunktion – an Endlichkeit gebunden.

154

Unendlichkeit ist nichts für die Menschen. Eben deshalb hat Odysseus, dem die Nymphe Kalypso ewiges Leben angeboten hat, dieses Angebot als Grund genommen, weg zu gehen und im irdischen Leben zu bleiben. Was das menschliche Leben ausmacht, Subjektivität, reflektierte Normativität, Bewusstsein, ist ohne Endlichkeit nicht vorstellbar. Das menschliche Leben braucht Einmaligkeit und Ereignis. Würde das Gleiche immer wiederkehren oder würde das Leben sich mit Variationen wiederholen lassen, wäre es aus mit dem

Gewicht jeden Ereignisses und mit dem, was die Menschen sind.

155

Im Grunde gibt es keine Berührung mit der Unendlichkeit. Was nicht fassbar ist in Dimensionen von Raum und Zeit, ist nicht deshalb schon unendlich; das Weltall hat wohl einen Anfang und wohl auch ein Ende. Die Atome in einem Gehirn mögen als unendlich viele erscheinen – es sind aber im einen wie im anderen Fall Quasi-Unendlichkeiten, Begriffe außerhalb unseres Vorstellungsvermögens und deshalb Unendlichkeit allenfalls für uns.

156

Es ist das Bewusstsein, das gleichsam ins Milieu der Endlichkeit hineingezogen wird, das sich mit dem Endlichen verbindet und in ihm doch keine Heimat, keine Ruhe finden kann; es bleibt unerklärbar und unerfassbar. Es ist, als wäre das Bewusstsein nur deshalb endlich, weil es sich mit dem menschlichen Körper verbunden hat. Was bleibt, ist ein Leben im Milieu der Endlichkeit so zu führen, als ob es nicht endlich sei, als ob jedenfalls die zeitliche Befristung nicht von Gewicht sei. Solches »als ob« freilich ist eine Weise des Umgangs, die Verzicht leisten würde auf ein Verhältnis zu jener Unerklärbarkeit, jener Unergründlichkeit, die Leben und Bewusstsein sind. Ihnen entspricht nur ein Verhältnis, das auf die Gewissheit des Wissens verzichtet und im Ganzen einer Transzendenz im und durch das Bewusstsein Raum lässt und so eine Annäherung an jene Unergründlichkeit erlauben kann. Es nimmt die Endlichkeit und die endlichen Dinge nicht als Grenze. Es ist das metaphysische Empfinden, das Verweilen in den Fragen und in der Fragwürdigkeit lehrt, das eine Verbindung herstellen lässt zwischen dem endlichen irdischen Leben und dem, was – ungreifbar vielleicht und unerfassbar – Teil dieses Lebens ist, es trägt, indem es über dieses Leben hinausgeht.

157

Das metaphysische Empfinden geht hin auf die Wahrnehmung des Unendlichen im Endlichen und des Endlichen im Milieu des Unendlichen – und beides zugleich.

158

Es sind die Grenzzonen, die den Saum bilden zwischen Wissenschaft und Metaphysik und zwischen ihr und dem Glauben, in die menschliche Erkenntnis hineinreicht. Die Wissenschaften, die man die exakten nennt, beruhen wesentlich auf der Annahme von Naturgesetzen, die – verlässlich, wie sie sind – immer gelten und immer gegolten haben. Sie beruhen auf einem Ursache-Wirkung-Denken, das voraussetzt, dass es eine causa, eine Ausgangsursache gibt und ein definiertes, klar bestimmtes Objekt, auf das diese Ursache wirkt. Moderne Physik schafft großes Durcheinander, Instabilität und Korrelationen. Sie nimmt dem Objekt seine angemaßte Konsistenz und der Kausalität ihre Eindeutigkeit. Sie drückt sich in – tatsächlichen oder vermeintlichen – Paradoxien aus, die neue Sehweisen erforderlich machen. Diese »Unsicherheit« stellt die Frage, was die Dinge »in Wahrheit« sind, was die Qualität ihres Seins ausmacht, ob es sich autonom selbst bestimmt oder nicht vielmehr abhängig ist von anderen Elementen, von Wahrnehmungen und Beobachtungen. Diese Fragen – man kann sie »ontologisch« nennen – können sehr wohl zu neuen Erkenntnissen führen; den Fragen aber nach dem Grund jener Geltung der Gesetze und ihrer Beständigkeit kommen sie nicht näher. Mit der Zunahme des Wissens geht häufig eine Zunahme des Nichtwissens – genauer: des Bewusstseins davon – einher.

Die Astronomie stößt in unvorstellbare Weiten vor, rechnet in Millionen Lichtjahren, um die Quasi-Unendlichkeit von Raum und Zeit jedenfalls im Begriff fassbar zu halten. Sie kann annähernd das Alter des Universums bestimmen und die Behauptung begründen, dass es einen Anfang in der Zeit gegeben hat. Die Frage, wie es mit dem Universum im Ganzen weitergehen könnte, kann sinnvoll nicht gestellt werden. Merkwürdigkeiten wie Schwarze Löcher, Singularitäten können entdeckt, aber nicht recht verstanden werden. Die Fragen, die die Wissenschaft stellt, gehen auf stoffliche Zusammensetzung, auf Wirkung und auf Eigenheiten. Es sind Fragen, die in der Regel zu weiterreichenden Fragen ähnlicher Art führen. In wissenschaftlichen Begriffen lassen sich Fragen des Woher mit hinreichender Aussagekraft beantworten oder doch umreißen. Fragen nach dem Grund kann die Wissenschaft nicht stellen. So führen die Astronomie und schon der Blick in den Sternenhimmel zu zwiespältigen Empfindungen. Es stellt sich ein kosmischer Taumel ein angesichts der

Ungeheuerlichkeit des Universums, eine Ehrfurcht und ein großes Staunen. Dieses Staunen lässt gleichzeitig ein Bewusstsein entstehen von der Kleinheit der Erde und dem, was sich auf ihr regt, von der Belanglosigkeit des Irdischen in Raum und Zeit. Gleichzeitig aber geht das Staunen auf den Umstand, dass es ein Bewusstsein geben kann, das jede Beschränktheit beiseitelässt und sich bis hin zum Unendlichen erstrecken kann. Es ist dieses Bewusstsein und die Fähigkeit zu Fragen, die einen Begriff von der Größe des Menschen erzeugen und tragen können. Im gleichen Atemzug stärkt die Astronomie das Empfinden einer Trennung, einer Inkommensurabilität: es gibt kein gemeinsames Maß, das für das Universum und gleichzeitig für die Weltdinge gelten könnte. Das Universum hat gleichsam »nichts mit uns zu tun«. Je abstrakter die Berechnungen und Daten, desto mehr verliert der Sternenhimmel an der Fähigkeit, uns in Staunen zu versetzen, uns zu berühren. Er lässt sich mit menschlichem Maß und Vermögen berechnen, nicht aber erfassen. So ist der Blick ins All, je tiefer er vordringt, nur geeignet, das Empfinden einer Unergründlichkeit im Letzten zu bestärken, denn es bleiben die Fragen und die Unruhe, die wissenschaftliche Erkenntnis nicht besänftigen kann.

159

Das Verhältnis des Endlichen zum Unendlichen ist nicht symmetrisch: wenn es ein Streben aus dem Endlichen nach dem Unendlichen geben mag, so gibt es doch kein Streben aus dem Unendlichen nach dem Endlichen.

160

Das Unendliche im Endlichen wahrzunehmen und das Endliche im Unendlichen ist Aufgabe des metaphysischen Empfindens. Geht die Subjektivität verloren, löst der Mensch sich im Unendlichen auf und erschrickt zutiefst, sofern nur ihm ein Bewusstsein geblieben ist.

161

Der Tod erscheint als Abbruch des Lebens, als ereignishaft auftretende Manifestation der Endlichkeit nach einem im Bewusstsein einer gewissen Zeitlosigkeit gelebten Leben. Der Tod ist ein Ereignis, die Endlichkeit ist es nicht. Sie wohnt dem menschlichen Wesen von Anfang an inne. Leben ist von Beginn an ein Nebeneinander von Leben und Tod. Die anwesende Endlichkeit begleitet das Leben als dessen Teil.

Was die Endlichkeit ist, erscheint einfach: Ihr liegt die Vorstellung eines Abschnitts im Fluss der Zeit, einer Zeit-Strecke, zugrunde mit einem Anfang und einem Ende. Werden und Vergehen sind die Grundbestimmungen der Natur und des Lebens; sie erscheinen als unveränderlich, als »natürlich« und fraglos. Es ist das Bewusstsein (und das Selbstbewusstsein), das sich weigert, diesen natürlichen und doch rätselhaften Gang der Zeit nachzuvollziehen und sich zu eigen zu machen. Das Bewusstsein hat keinen Begriff seines Nicht-Seins und hat Mühe, den Prozess, der zu ihm hinführt – das Leben – sich verständlich zu machen. In dem Zwiespalt zwischen dem kreatürlichen Leben, das eine bestimmte Zeitspanne ausfüllt, und dem Bewusstsein, das sich auf Endlichkeit nicht einlassen will, vollzieht sich die menschliche Existenz; aus ihm heraus wird der Tod zum Ereignis, die Fortexistenz zur Vorstellung und zum Trost die unsterbliche Seele.

Fragen der Auferstehung, des Jüngsten Gerichts, der personalen Identität und der göttlichen Ordnung gehören in den Bereich des Glaubens; sie sind mit dem Denken nicht zu erreichen. Das metaphysische Empfinden erstreckt sich auf Glaubenswahrheiten nicht.

162

Das Leuchten des ewigen Lichts geht in eins mit ewigem Nichts.

163

Gläubigen ist die Aussicht auf ein ewiges Leben ein Trost im Irdisch-Endlichen; Philosophen ist es die Überlagerung und Überwölbung der Endlichkeit mit Begriffen, die ins Allgemein-Absolute gehen (Logos, Geist, Idee, das Absolute, das Sein u. a.), um sich in Gedanken einer – wie auch immer gefassten – Unendlichkeit oder Nicht-Endlichkeit hinreichend anzunähern, die ähnlichen Trost spenden können.

164

Gibt es ein »höchstes Wesen«, das wir, wenn nicht erkennen, so doch erahnen könnten, und das wir, wenn nicht als Daseinsgrund schlechthin, so doch als Zielpunkt unserer Vorstellungen nehmen könnten? Von vielen Philosophen geteilt wird die Auffassung, dass der Sinn des Daseins fragwürdig bleibe, und dass kein höchstes oder transzendentes Wesen erkennbar sei, aus dem heraus der Mensch seine existenzielle Unruhe dämpfen könnte. Können wir uns gleichwohl eine Vorstellung machen von einem solchen Wesen, seinem Urgrund und seinem Willen? Die Frage führt ins Abgründige: »Man kann sich des Gedankens nicht erwehren, man kann ihn aber auch nicht ertragen: dass ein Wesen, welches wir uns auch als das höchste unter allen möglichen vorstellen, gleichsam zu sich selber sage: Ich bin von Ewigkeit zu Ewigkeit, außer mir ist nichts, ohne das, was bloß durch meinen Willen etwas ist; aber woher bin ich denn? Hier sinkt alles unter uns...« (Kant, Kritik der reinen Vernunft, B 641| A 613). Das höchste Wesen bleibt unergründlich und verborgen; es bleibt rätselhaft und unfasslich. Dass das Unergründliche bleibt, liegt nicht an einer Schwäche unseres Erkenntnisvermögens; auch andere Denkweisen, andere Logiken, andere Sprachen könnten nicht mehr an Verständnis und Erkenntnis bewirken, als es unserem Vermögen entspricht.

Manche Philosophen haben den Glauben als Grund vor aller Erkenntnis behauptet und eine Gewissheit vom Sein Gottes als Voraussetzung philosophierenden Nachdenkens statuiert. Mit dieser Setzung nicht vereinbar ist die Annahme, der Glaube sei im Ursprung nicht begründbar und habe die Suche nach Gott zum Ziel. Was man aber sucht, kann man nicht als schon gefunden behaupten. Die Gewissheit aus dem Glauben kann kein Wissen vermitteln, keine Erkenntnis erleichtern.

165

Muss die Welt der erscheinenden Dinge erklärt werden durch Einwirken eines göttlichen Wesens? Es genügt wohl, wenn Platz geschaffen ist für die Möglichkeit eines solchen Wesens. Es genügt der Verweis auf die Unergründlichkeit der Annahmen über Gott und göttliches Wirken. Diese Unergründlichkeit steht einem Verständnis, das sein Beharren auf den Einzeldingen und die Beschränkung auf sie mit der auf Naturwissenschaft gestützten Gewissheit begründen will, hinreichend entgegen. Mit der Behauptung positiven Wissens zum Grund des Seins und der Natur verträgt sich metaphysisches Empfinden nicht.

166

Was heißt »Wahrheit«? Der Bedeutungsgehalt des Begriffes und sein Gebrauch kann nicht einheitlich sein. Dass in ihm ein Anspruch des Absoluten steckt, verhindert, ihn mit Stimmigkeit, Gewissheit oder Richtigkeit gleichzusetzen. Wahrheit muss getragen sein von einem tiefen inneren Bedürfnis, einem Streben nach Wahrhaftigkeit, die nach einem Absoluten sucht auch dann, wenn bewusst bleibt, dass solche Absolutheit nicht erreicht werden kann. Die aus Wahrhaftigkeit getroffene Entscheidung kann stets nur für eine bestimmte Konstellation eine absolute sein. Das Absolute an der Wahrheit besteht darin, dass das Streben nach ihr von Absolutheit getragen sein muss. Im Besitz der Wahrheit zu sein, einer absoluten Wahrheit, kann nur ein Gott behaupten. Das metaphysische Empfinden lässt gleichsam im Raum der Wahrheit schweben im Bewusstsein, sie nie greifen zu können und hinzunehmen, dass immer ein Raum der Unergründlichkeit bleibt. Wahrheit ist kein Begriff der Reinheit.

167

Das Absolute hat mit der Wahrheit gemein, dass beide Zielpunkte, Endpunkte einer Bestrebung sind und dass es bei beiden keinen Besitz geben kann: die Wahrheit besteht im Anspruch und dieser Anspruch ist unverzichtbar – das ganze Gebäude der Philosophie wird von ihr getragen. Sie besteht nicht als ein handhabbares Gut. Sie hat einen fassbaren Kern in der adaequatio rei et intellectus; sie kann aber damit sich nicht begnügen. Steigt sie auf in höhere Sphären, in denen sie sich dem Göttlichen zu nähern scheint, schweift sie ab in den Bereich der reinen Metaphysik: die Frage nach der Wahrheit bleibt dann ohne Antwort. Die Wahrheit ist und ist nicht in einem.

168

Strebt der metaphysische Sinn nach Wahrheit? Die mögliche Wahrheit kann keine durch Erkenntnis vermittelte sein, das Streben nach ihr muss den nicht möglichen Besitz ersetzen. Das Verhältnis zur Wahrheit ist weniger eine Sache der Logik als der Moral. In dem Maße, in dem ein Nützlichkeitskalkül bestimmend wird und andere Erwägungen verdrängt, wird sich die ernste Mühe um Wahrheit verlieren.

169

Es gibt keine Objekt-Wahrheit in der Metaphysik. Ihre »Wahrheit«, wo es sie gibt, muss aus anderem Stoff bestehen, als die der gegenständlichen Welt.

170

Wenn mit tiefem Ernst von Wahrheit die Rede ist, bleibt im Begriff und im Anspruch stets ein metaphysischer Hauch, eine Anrufung des »Göttlichen«.

171

Alles, was ist, gehört in Wahrheit zwei »Ordnungen« an: als Einzelnes kann es eine Besonderheit behaupten, eine Einmaligkeit, die verlangen kann, als solche ernst genommen zu werden; als Element in einem Zusammenhang ist das Einzelne Erklärungsgrund für andere Einzelne, seien sie ähnlich oder verschieden, und gleichzeitig Bestandteil und Grund für die Einheit, deren Teil es ist, und für deren Verständnis.

172

Der Begriff des Absoluten wird in vielfältigem Sinn gebraucht. Er soll das kennzeichnen, was von keiner Bedingung abhängig ist, uneingeschränkt und grundlos. Metaphysische Behauptung ist die Annahme eines unbewegten (oder bewegten) Bewegers oder eines unvergänglichen Prinzips, aus dem sich alle Emanationen sollen ableiten lassen können. Da es sich aber um einen metaphysischen Begriff handelt und Aussagen über metaphysische Wesen und Erscheinungen nicht möglich sind, kann das Absolute nicht einer gegenständlichen Bestimmung zugänglich sein, so wenig wie es einen Besitz des Absoluten oder des Wissens vom Absoluten geben kann. Sehr wohl aber kann das Absolute als Vorstellung des Geistes verstanden werden, zu dem jedoch positive Aussagen nicht möglich sind.

173

Es gibt neben der Absolutheit, die das Unveränderliche, ewig Währende, in sich Geschlossene, Letzte oder Erste, das Göttliche oder Gottähnliche meint, eine relative Absolutheit. Von ihr kann die Rede sein, wenn die Absolutheit für einen bestimmten Bereich in Anspruch genommen wird als gleichsam selbstgesetzte Absolutheit. Sehr wohl ist es möglich, sich bestimmte Handlungen, Ziele, Verhaltensweisen oder Normen vorzugeben, die mit Unbedingtheit verfolgt oder beachtet werden sollen. Entscheidend dabei ist, dass keine Abwägung erfolgt mit möglicherweise entgegenstehenden Interessen oder Vorstellungen. Wer sich etwa entscheidet, in einen gerechten Krieg zu ziehen, wägt nicht mehr ab zwischen der Gefahr, in die er sich begibt, und den Gründen seines Handelns; der Wissenschaftler, der vom Wert einer Erkenntnis überzeugt ist, tritt für deren Verbreitung ein auch dann, wenn ihm daraus Nachteile erwachsen; der Lyriker bleibt beim Dichten, auch wenn ihn die Dichtkunst nur kümmerlich am Leben hält; die Frau, die ihre Lebenszeit gibt für den kranken Mann, bleibt bei dem einmal gefassten Entschluss; der Reporter, der sich in Gefahr begibt, weicht nicht vor ihr und setzt seine Berichte fort. Daraus, dass keine Abwägung nach Vor- und Nachteilen stattfindet, bezieht das Handeln gerade seinen Wert und seinen Sinn. Das selbstgesetzte Absolute ist es, das dem Leben »Sinn« verleihen kann – ganz unabhängig davon, ob das jeweils gewählte relative Absolute aus der Sicht eines Dritten moralisch wertvoll ist oder nicht. – Die selbstgesetzte Absolutheit stellt gleichsam eine Zwischenzone dar: in ihr verbindet sich Unbedingtheit mit einer subjektiven Setzung, die dem Leben Orientierung und empfundenen Wert geben kann.

174

Das metaphysische Empfinden kann sehr wohl zur Frage nach dem Absoluten, dem Einen führen, aber dieser Gang erfolgt ohne den Willen zur Erkenntnis, ohne Erwartung einer Antwort, einer Bestimmtheit. Das Denken des Absoluten, vom Unergründlichen begrenzt, führt ins Leben zurück. Das Nachdenken über das Leben ist nicht auf das Absolute verwiesen, muss auskommen ohne solche Erwartung oder Annahme. Metaphysik kann ohne den Gott der neuzeitlichen Metaphysik auskommen, bestehen; sie muss es.

175

Die Philosophie, die nach Wahrheit und Einheit sucht, neigt zu Begriffen letzter Instanz (causa sui, das Absolute, das Eine, u.a.), die Anfang, Erhaltungsgrund oder Endpunkt sein sollen. Als Versuch einer gleichsam logischen Ordnung im Denken sind solche Begriffe verständlich und sinnvoll; irgendwelche Erkenntnisse oder Regeln für das Leben der Menschen lassen sich aus ihnen aber nicht ableiten. Es kann keine Unterordnung unter das Absolute, unter ein Absolutes geben, es darf keinen Anspruch des Einen geben, die Vielheit zur Ordnung zu bringen.

176

Kann, soll der Mensch ohne Absolutes auskommen? Ist die Annahme eines Absoluten in der Philosophie notwendig? In der Unergründlichkeit kann es ein Absolutes nicht geben.

177

Die Metaphysik, die mit der Transzendenz verbunden ist und die Überschreitungen braucht, kann in die Irre führen, wenn sie mit Behauptungen, Annahmen oder gar vermeintlichen Sicherheiten und Voraussagen auftritt. Jede Metaphysik muss sich solcher Aussagen enthalten; sie hat keine Berufung zum Absoluten, das zu erreichen wäre. Sie muss in den Fragen bleiben, sie vertiefen, ein Verhältnis zu ihnen gewinnen lassen.

178

Das Absolute kann nicht erreicht werden, es kann auch nicht als erreichbar behauptet werden. Das Absolute kann kein Ziel sein, sondern Orientierungspol: das Absolute darf nicht absolut werden. Das Absolute lebt von der Bewegung zu ihm hin.

179

Die Unergründlichkeit ist das Eingeständnis und das Bewusstsein davon, dass es einen letzten Grund der Dinge, den die Menschen erkennen könnten, nicht gibt. Es ist die Möglichkeit des Bewusstseins, die die Größe des Menschen ausmacht. Es ist das Bewusstsein, das ihm erlaubt, ein Weltverhältnis zu gewinnen und ein Verhältnis zu sich selbst. Das Bewusstsein und das Selbstbewusstsein sind Auszeichnungen des Menschen in der Natur, die jene Größe begründen. Bewusstsein und Selbstbewusstsein haben vielerlei Deutungen in der Philosophie wie auch in der Gehirnforschung erfahren; aber immer bleibt ein Teil an Unerklärlichem. Das Bewusstsein ist wohl in der Lage, jene Unergründlichkeit aufzunehmen – nicht als Wissen, sondern als Ahnung und Empfindung.

180

Das Bewusstsein, dass Unergründlichkeit ist, dass ein Subjekt in der Lage ist, zu dieser in ein Verhältnis zu treten, versetzt in tiefstes Staunen, in Verwunderung und gleichzeitig Furcht. Die Großartigkeit drängt zu der Frage nach Urheber und Grund; sie bleibt ohne Antwort. Je stärker sich das Empfinden dieser Großartigkeit aufdrängt, umso schwerer wird die Einsicht, dass es einen letzten erkennbaren Grund nicht gibt. Es ist auf den Menschen, auf den diese Großartigkeit zurückfällt. Sie ist es, die die Annahme trägt von der Größe und Würde des Menschen und menschlichen Lebens. Sie lässt an die Stelle der Suche nach Erkenntnis eine Empfindung treten, das metaphysische Empfinden.

181

Der Gläubige teilt viel eher ein metaphysisches Empfinden der Unergründlichkeit als derjenige, der sich im Profanen einrichtet im vermeintlichen Wissen, dass anderes als das Erkennbare nicht ist.

182

Wenn das Bewusstsein der Unergründlichkeit auf die menschliche Freiheit verweist, verweist es auch auf Moral. Wenn es richtig ist, dass gerade der Gedanke der Unergründlichkeit ein Leben nicht niederdrückt, sondern ihm Größe und Bedeutung verleiht im Irdischen und wenn keine höhere Instanz dem Verhalten Vorgaben machen kann, ist Moral Manifestation dieser Größe. In ihr fallen das Empfinden eigenen Wertes mit dem der geteilten, gemeinsamen Existenz zusammen. So schafft sich das metaphysische Empfinden Ausdruck und findet Halt im Konkreten.

183

Es gibt keinen »letzten Grund«, keinen »unbewegten Beweger«, keine Absolutheit als Freiheit von jeglicher Bedingtheit, keine absolute Wahrheit, kurzum: keine Absolutheit, die der menschlichen Erfahrung zugänglich wäre. Es gibt nur eine Annäherung, Bemühung, ein fortgesetztes Streben, eine nicht aufzugebende Suche zum Absoluten hin. Verliert das Absolute dadurch an Wert? Dass es nicht erreichbar ist, erhöht seine Wertschätzung, seine Bedeutung und seine Wirkkraft. Im Empfinden des Absoluten allein liegt das Absolute.

184

Das Streben nach dem Absoluten hängt nicht von äußeren Umständen ab. Es gibt keine »Hoffnungslosigkeit« (auch keine, gegen die doch zu hoffen wäre). Es gibt keinen Bereich, in den das Wissen nicht hineinreicht, in der Zukunft aber, auf die zu setzen ist, doch gewonnen werden könnte. Es gibt kein kommendes Reich Gottes auf Erden, auf das hin sich hier und heute menschliches Verhalten ausrichten könnte.

185

Es ist eine Verwechslung von politischer Aussage zu einem konkreten Zustand, einer konkreten Fassung der Gesellschaft – dieser Zustand kann in der Tat »hoffnungslos« sein oder doch so empfunden werden – und philosophischem Denken, dem moralischen Verhalten: das Streben nach dem Absoluten hängt nicht von politischen Konjunkturen ab. Sehr wohl wird ein »moralischer« Mensch, einer also, der sein Leben in eigener Bestimmung führen will, die Gesamtheit der ihm zugänglichen Umstände und Handlungsmöglichkeiten in einer konkreten Lage abwägen; er wird aber, wenn er einen Begriff vom Absoluten in sich trägt, die Bestimmung seines Handelns und Denkens nicht jenen Umständen überlassen. Er wird vielmehr seinen Eigenwert, das Bewusstsein seiner Integrität, seiner menschlichen Würde eben darin sehen, dass er sich auch gegen die Verhältnisse setzt, dass er keine »Hoffnungslosigkeit« als Bestimmungsgrund gelten lässt, keine Moral abhängig sein lässt von Verzweiflung oder Nichtigkeit von Mühen im Leben. Eben diese Eigen-

Macht macht das aus, was sich als »Sinn des Lebens« verstehen lässt.

186

Im Absoluten ist Leben nicht möglich. Die Liebe mag – meist, wie das Leben lehrt, vorübergehend – das Gefühl tragen, man sei den irdischen Dingen, der Bedingtheit in den Verhältnissen, den Zwängen des Alltags enthoben, als würde der Augenblick in eins fallen mit der Ewigkeit. Bleibt sie unnachgiebig, aus »Treue«, im Absoluten, führt sie zum Drama, Gegenstand unzähliger Geschichten, Schauspiele und Opern: nur im Tod kann die Treue zum Absoluten und zu sich als Absolutes bewahrt werden.

187

Das Absolute ist Teil des Lebens. Es ist kein Gegenstand der Erkenntnis, vielmehr des Empfindens, der Erfahrung, des Denkens. Im Spiel von Annäherung und Distanznahme ist es Teil des Lebens wie das Leben Teil der Welt ist. Verliert das Absolute diese Einbindung und setzt sich gegen das Leben, wird es zum Wahnsinn und vereinzelt hin zur singulären Absolutheit, dem Tod.

188

Der, der in einer konkreten Hoffnungslosigkeit auf ein irgendwie als möglich behauptetes Hoffen verwiesen wird, wird getäuscht: man macht ihm etwas vor und sagt, wissend oder nicht, die Unwahrheit. Es ist eine

Täuschung, die zur Enttäuschung führt, nicht aber zur Hoffnungslosigkeit im Ganzen des Lebens. Das Streben nach dem Erhalt des Lebens endet erst dann, wenn die Kraft zu solchem Streben nicht mehr reicht.

189

Der Sinn, der nach dem Absoluten strebt, muss sich in die Einsicht fügen, dass die dem Menschen zugängliche und angemessene Absolutheit eine relative Absolutheit ist: die Absolutheit, gleichviel, wie weit sie geht, bleibt gebunden in der Zeit; aus ihr können allgemein verbindliche Normen oder Verhaltensregeln nicht abgeleitet werden.

190

Das Absolute ist kein Fixpunkt, den es zu erreichen gelte, kein Ausgang, von dem aus sich die Welt im Ganzen erklären ließe – das Absolute kann keine Substanz, keine »Masse« haben und deshalb auch weder Sicherheit noch Besitz vermitteln. Das Bedürfnis nach dem Absoluten – Hinausgehen über die bloße Gegebenheit der Dinge, die unverbunden nebeneinander bestehen –, das Denken des Unbedingten als Absicht scheint auf den ersten Blick auf Wissenschaft zu verweisen. Das absolut Erste oder Letzte aber können nicht Gegenstand von Erkenntnis und Erfahrung sein. Viel eher ist es möglich, dass die Wissenschaft – etwa die Physik oder die Astronomie –, wird sie nur weit genug und tief getrieben, nicht weit von den Fragen der Metaphysik landet.

191

Das Absolute liegt darin, dass unser Geist, unser Bewusstsein in der Lage ist, einen Begriff vom Absoluten zu denken und mit diesem Denken ein Leben zu vollziehen. Das Absolute ist weniger im Objekt als im Subjekt daheim.

192

Metaphysik ist weniger eine Weise des Denkens als der Einstellung im Leben, des Empfindens. Der metaphysische Sinn führt vom Leben zur Frage nach dem Grund, zu einer unbedingten Erkenntnis. Das Absolute, Eine ist ungeachtet der von ihm beanspruchten Autorität nicht in der Lage, Aussagen zum Leben zu machen, in denen noch etwas von jener Absolutheit mitschwingen würde. Das Denken des Absoluten verliert sich, wenn es nicht ins Leben zurückführt und sich nicht auf ein Wechselspiel einlässt zwischen der Suche nach dem Absoluten und dem Ernstnehmen des Lebens.

193

Was Freiheit meint ist schwer zu fassen: ist sie bloß eine Idee, ein Postulat der Vernunft? Fragen, wie die, ob der Mensch in seinem Handeln frei sei oder ob er nicht vielmehr im Voraus durch göttlichen Willen oder durch die Gesamtheit der objektiven Bedingungen bestimmt sei, in denen er jeweils steht, werden vielfach gestellt. Es sind Fragen, die nur in einem sehr eingeschränkten Sinn zu den Fragen der Metaphysik gerechnet werden können: sie dürfen nicht übersehen lassen, dass »Freiheit« nicht aufgeht in der Frage, ob es eine

Handlungsfreiheit gebe oder nicht, so wie etwa gefragt werden kann, ob es Gott gibt oder nicht. »Freiheit« ist auch in der Vorstellung nichts Gegebenes, kein Gegenstand und keine gegebene Eigenschaft; »Freiheit« hat vielmehr ihr Schwergewicht darin, dass sie ein Ziel ist. Persönliche und auch gesellschaftliche Freiheit sind Forderungen in einer je konkreten Welt. Der überragenden Bedeutung, die der Freiheit zukommt, zukommen muss, wird nur ein Verständnis gerecht, das sie als Wirkprinzip, als höchste Norm und Anleitung zum konkreten Handeln – im persönlichen wie auch im gesellschaftlichen Leben – versteht. Freiheit meint die aktive Fähigkeit, einen emanzipatorischen Prozess in Gang zu setzen mit einer Erweiterung der Fähigkeiten und Kenntnisse. Zu ihr gehört die Fähigkeit zur Reflexion und zur Auseinandersetzung mit dem Bestehenden wie auch zur Ablösung vom Gewohnten, zum Neubeginn. Freiheit ist weniger ein Zustand als ein Prozess: Freiheit ist Befreiung. Sie ist Auseinandersetzung mit der Welt, mit den Möglichkeiten, die sie öffnet, und den Grenzen, die sie setzt. Die Konkretion der Freiheit, Gedankenfreiheit, Handlungsfreiheit, Freiheit in der Bildung der Meinung sind Voraussetzungen für menschliche Entfaltung. Deshalb ist Freiheit auch eine Voraussetzung metaphysischen Empfindens. Metaphysik ist weniger dem zugänglich, der in den gegebenen Verhältnissen sich einrichtet und nach ihnen sich richtet, als vielmehr dem, der sein Nachdenken aus einem Bedürfnis nach Freiheit ableitet. Überzeugungen, die als keiner Infragestellung zugänglich, Annahmen, die als gewiss und fraglos genommen werden, sind dem metaphysischen Denken abträglich. Ein gewisses Maß an Freiheit ist Grundvoraussetzung für jene Subjektivität, für den Anspruch auf eigenes und eigensinniges Fragen und Denken. Freiheit führt zur Metaphysik wie Metaphysik zur Freiheit führt.

194

Gibt es Freiheit, weil es einen Gott gibt, der sie verbürgt, oder gibt es Freiheit gerade deshalb, weil es keinen Gott gibt? Oder liegt die Freiheit gerade darin, dass wir so fragen können? Liegt die Freiheit in der Frage?

195

Es gibt eine enge Verbindung zwischen dem metaphysischen Sinn und der Moral. Der metaphysische Sinn führt zur Annahme und dem Empfinden einer Größe des Menschen, einem Begriff von menschlicher Würde – diese Größe führt notwendig zur Moral, zur Erhöhung im eigenen Verständnis durch Moral. In gleicher Weise führt der Verlust des metaphysischen Empfindens zur A-Moral.

196

Gerade wenn die Endlichkeit ernst genommen wird, ist die Frage, was anfangen mit der notwendig kostbaren Zeit, die das endliche Leben ist. Es ist die Frage der Moral. In der Unendlichkeit, gestalt- und grenzenlos, kann der Begriff der Moral keinen Sinn haben. Moral ist angewiesen auf Grenzen und Begrenztheit.

197

Moral führt zu Naturverständnis, nicht aber Naturverständnis zur Moral.

198

Metaphysik ist Voraussetzung für Moral. Ohne metaphysisches Empfinden fehlt der letzte Verpflichtungsgrund für die Moral. Moral schafft Verbindungen unter den Menschen, Wahrnehmung des anderen als Wert aus eigenem Recht. Das Empfinden drängt danach, geteilt zu werden. Was es als Begriff von Schönheit und Würde in sich trägt, vermittelt und verstärkt sich, indem es geteilt wird.

199

Identität ist Teil entfalteter Subjektivität und damit auch Voraussetzung eines metaphysischen Empfindens. Ihre Elemente sind die Behauptung eines Eigenwerts, die Möglichkeit eines eigenen Urteils, der Widersetzlichkeit gegen alle Formen der Gewalt und gegen Herabwürdigung zu einem durch Dritte beliebig bestimmbaren Individuum. Recht verstanden ist Identität Beharren auf dem Eigenen und gleichzeitig Wahrnehmung der Welt, Auseinandersetzung mit ihr.

200

Man kann den Begriff der Identität nicht verwenden, ohne ihn zu kritisieren, d. h. ihn in seiner konkreten Bedeutung, in seiner Aussagekraft und seinen Grenzen zu bestimmen. Identität ist stets zusammengesetzt, Ergebnis eines Entwicklungsganges, nie Definition einer festen gegebenen Eigenschaft. Die Identität, als Prozess der Herausbildung verstanden, besteht darin, dass ein Einzelner das Erleben der Welt in einer spezifischen, je verschiedenen Weise verarbeitet, sich so die Weltdinge ein Stück weit zu eigen macht und diese angeeignete Welt als Element seiner Individualität nimmt. Identität als Eigen-Sinn ist notwendig als Anspruch auf Achtung der jeweiligen Eigenheit. Identität muss gleichzeitig sich infrage stellen, ihrer Fragilität bewusst sein und den gleichen Anspruch, den sie für sich gelten lassen will, auch jedem anderen einräumen. Eine so verstandene Identität trennt nicht, sondern sie verbindet, weil sie das Verständnis des anderen braucht, um sich selbst zu verstehen. So begriffene Identität muss fragend, offen, lernfähig sein. Solche Identität wendet sich gegen Totalisierung und Auflösung hin zu einem gestalt- und konturlosen Allgemeinen. Sie behauptet ein Recht auf Eigenheit und Eigen-Sinn gegenüber der Herrschaft der Dinge und dem technisch-ökonomischen Gang. Der Wille zur Identität, der Wille dazu, sich für verantwortlich zu halten und sein Handeln sich selbst als einem »Ich«, einem Subjekt, zuzuschreiben, ist eine (moralische) Haltung zum Leben, zur eigenen unersetzlichen Existenz.

Offene Identität in diesem Sinne ist die Entsprechung zum Gebot der Nicht-Diskriminierung: während dieses Gebot fordert, dass niemand wegen wesentlicher Eigenschaften (Herkunft, Geschlecht, Alter, Sprache, Religion, kulturelle Gewohnheiten, Traditionen und andere) benachteiligt werden darf, will der Hinweis auf Identität verhindern, dass die spezifischen Eigenschaften eines jeden unbeachtet bleiben und mit solcher Achtlosigkeit ihm Unrecht getan wird: er würde als Person nicht ernst genommen und so um die Anerkennung dessen, was er ist und was er geworden ist, seiner Eigenheit gebracht.

201

Schutz erhalten gegenüber Macht und Gewicht, gegen gesellschaftlich und ökonomisch festgefügten Interessen kann ein Einzelner nur in Zusammenschlüssen zu gemeinsamem Handeln, in Einheiten, die in gewissem Umfang als Kollektivsubjekte auftreten können. Wenn dabei von Einheit die Rede ist, ist grundsätzlich eine ephemere Einheit gemeint, eine Einheit also, die keine Festigkeit, keinen über Individualinteressen stehenden Eigenwert beansprucht, die vielmehr sich als behutsame Zusammenfassung, als vorläufig, vorübergehend, brüchig versteht.

Die Bedeutung solcher Einheit, die Einzelheit und die Eigenheit zu leugnen, würde dem Menschen wesentliche individuelle, soziale und kulturelle Eigenschaften absprechen, ihn zu einem belanglosen Exemplar erklären, dem Recht und Möglichkeit eigener Entfaltung nicht zugestanden würden. Dass der moderne Kapitalismus die Tendenz hat, die Menschen so zu vereinzeln und zurechtzuschneidern, ist offensichtlich: umso wichtiger ist es, das zu verteidigen, was offene Identität und Einheit meinen.

202

Was heißt Identität für eine und in einer Gesellschaft? Ausgangspunkt ist die Feststellung, dass ein gesellschaftliches Gefüge aus einer Vielzahl von historischen, sozialen, kulturellen Elementen besteht, die im geschichtlichen Prozess zu einer immer in Änderung begriffenen konkreten Form führen. Für Europa ist diese Form der »Westen«. Die Frage ist, ob diese Form es verdient, erhalten zu werden, ob und durch welche anderen Formen sie ersetzt werden kann und soll. Kann aus der Auflösung der alten Elemente eine neue Form entstehen? Welche wären die Voraussetzungen für ein derartiges Gefüge, kulturell, sozial, ökonomisch? Die bestehende Form ist wesentlich von christlicher Tradition bestimmt; sie mit all ihrer Dogmatik, ihren Tiefen und Vergehen infrage zu stellen, ist richtig; sie der begriffslosen und bewusstseinslosen Auflösung anheim zu geben, ist folgenreich und falsch.

203

Kollektive Identität beruht auf Konstitution, viel mehr aber auf kulturellen Praktiken, Gewohnheiten, coutumes, auf Imagination, Umgang, Verhalten. Kollektive Identität ist notwendig für die Formierung des Denkens und Handelns. Sie hat Bedeutung für den Widerstand gegen Totalisierung und Auflösung.

204

Die Forderung nach »spezifischer Kultur« als »rechts« zu bezeichnen, kann nur einem einfallen, dessen Kompass ganz ver-rückt ist: die Benennung notwendiger

Voraussetzungen für die menschliche Würde, Autonomie und Emanzipation kann nur dem nicht »links« erscheinen, der sich der Gangart und den Interessen jener Konglomerate unter- und eingeordnet hat. Die Identität zu gewinnen und zu erhalten ist gerade für »einfache Leute« das einzige Mittel, am Anspruch an Eigenwert und Würde festzuhalten. Derjenige, der in allerlei Ländern Wohnsitze hat und seinem Ursprungsland längst entwachsen ist, kann ruhig auf »Identität« verzichten: er hat ohnehin keine. Dass rechtsradikale Gruppierungen Begriffe verwenden, die an »Identität« anklingen – so wie sie auch »Freiheit«, »Stolz« und »Würde« missbrauchen –, tut der Sache keinen Abbruch. Es zeigt das ganze Elend der realen Entwicklung, dass ein im Grunde »linker« Begriff wie der des Rechts auf Identität sich bei Rechten und Reaktionären wiederfinden kann.

205

Metaphysik nimmt das Seiende ebenso ernst wie das Sein. Das Verhältnis zum Sein kann nur eines sein der Empfindung, der Ahnung, des Gefühls. Am Sein ist nichts zu wissen. Das Sein ist ein Korrelat der Empfindung oder der Ahnung – oder es ist nichts.

206

Ein Seinsdenken als Überstieg über das Denken des »Seienden« und neben diesem zu fordern, mag einsichtig sein. Zu fordern, dass es nur das Seinsdenken sein kann, das als wesentlich gelten könne, ist abwegig. Freilich sind es oft die Übertreibung und die Einseitigkeit, die einer Philosophie Bedeutung und Tiefe verleihen.

207

Nietzsches »Ewige Wiederkehr des Gleichen« ist schwer nachzuvollziehen: das Ewige bestimmt sich dadurch, dass es immer ist, als Anwesenheit in Beständigkeit (als »Sein«). »Wiederkehr« aber heißt: Wechsel von Anwesenheit und Abwesenheit als Überschreitung der Endlichkeit. Der Gedanke ist verständlich aus dem Bemühen, dem Antagonismus zwischen Endlichkeit und Unendlichkeit zu entkommen. Seine »Lösung« aber ist inkonsistent: das »Sein« kann nicht zu Zeiten sein, zu Zeiten nicht sein. Könnte es vom einen zum anderen wechseln, wäre es kein »Sein«. Ein lückenhaftes, zeitweises, ephemeres »Sein« kann es nicht geben. Die »Ewige Wiederkehr des Gleichen« ist Endlichkeit in Wiederholung. Sie kann der Unruhe und Erschütterung durch die Endlichkeit nicht Abhilfe schaffen.

208

Wie kann ein Sein zum Nicht-Sein werden, wie kann ein Bewusstsein sich verlieren im Nichts? Ist es die Endlichkeit, die dem Leben Sinn verleiht? Die Endlichkeit als Endlichkeit verschafft keinen Sinn; es bleibt aber, dass der Gedanke der Endlichkeit tröstlich ist; er lindert das Erschrecken vor der Unendlichkeit.

209

Das, was war, ist nicht nichts und nicht ein Nichts. Es ist »nicht mehr« und ragt nicht mit einer Präsenz in die Gegenwart hinein. Das Gewesene bleibt nicht in einer personalen oder gegenständlichen oder ereignishaften Einheit; es bleibt aber für eine Zeit als das der Erinnerung Zugängliche, als das, was gewesen ist – vielleicht ein Schatten nur, der allmählich in der Erinnerung und mit ihr vergeht. Der Schatten, der ist, vertritt gleichsam die Person oder die Sache, von denen er sich herleitet.

Selbst ein Schatten aber ist etwas und nicht nichts.

210

Gewesen sein ist Nicht-Sein und Sein in einem.

211

Was war, ist.

212

Das Nicht-Sein ist so wenig verständlich wie das Sein.

213

Wird die Frage gestellt, ob das Leben einen »Sinn« habe, zeigt sich eine Zweideutigkeit. Die Frage kann dahin gehen, ob eine höhere Macht, ein göttliches Wesen, eine Sinninstanz im Universum gleichsam einen »Sinn« setzt, der einem jeden zugedacht würde; »Sinn«

ist dann nicht fern dem, was »Schicksal« meint: der durch eine höhere Instanz je zugedachte Sinn ist das zu erfüllende Schicksal. In einem anderen Verständnis kann gemeint sein ein selbstgesetzter Sinn, der sich aus einer bewussten und gewollten Gestaltung des eigenen Lebens ergibt. Dieser »Sinn« geht davon aus, dass es keine Instanz gibt, keine Ordnungsmacht, die einen Sinn vorgeben könnte.

Es fällt schwer, im Glauben an einen Geist als Medium der Vernunft zu bleiben, der die Wirklichkeit durchwirken, den Gang der Weltdinge bestimmen würde und so Richtschnur sein könnte für die Suche nach einem »Sinn«. Wäre es so, läge der »Sinn« darin, die Entwicklung des Geistes zu erkennen, ihr zu folgen und sie kritisch zu fördern. Es kann aber wohl keine Rede davon sein, dass ein solcher sinnvermittelnder Geist als Wirkkraft im Allgemeinen spürbar und im Konkreten erkennbar wäre. »Geist« ist keine Sinninstanz, viel eher ein Begriff zu einem auf Ordnung gerichteten Systemdenken. Will man am Begriff des Geistes festhalten, wird man gut daran tun, von diesem Geist keinen – und schon gar keinen positiven – Einfluss auf die reale Entwicklung in der Welt anzunehmen und zu erwarten. Lässt sich aus dem Geist kein »Sinn« ableiten, bleibt als Quelle von »Sinn« die Subjektivität. »Sinn« wird im Bestand der Weltdinge nicht vorgefunden. Der Satz: »Sinn ist Setzung« will sagen, dass der Einzelne seinem Leben einen selbstgesetzten Sinn geben kann, indem er mit den Mitteln seiner Erfahrung und seines Wissens auswählt unter Möglichkeiten der Lebensgestaltung. Der Satz überzieht aber die Möglichkeiten der Subjektivität. Ein Leben, das seinen

Sinn nur in sich selber sucht, endet in Egozentrik und Solipsismus. »Sinn« kann sich gerade daraus ergeben, dass der Sinnsuchende sich an Projekten, an Vorhaben beteiligt, an Hervorbringungen der Kultur oder an kollektiven Anliegen mit politisch-sozialem oder wissenschaftlichem Gehalt, eine Bestimmung seines Sinnes vom Betreiben oder Gelingen eines Vorhabens oder eines Werkes abhängig macht und so einen, wenn auch beschränkten objektiven Sinn für sich gelten lässt.

Ein Sinn letzter Instanz kann sich darüber hinaus ergeben aus dem Bewusstsein und dem Empfinden, das den Menschen mit dem Weltganzen verbindet. Dieses Empfinden setzt keine überirdische Macht voraus, die über Sinn verfügen könnte; es verlangt aber die Präsenz eines metaphysischen Empfindens, das mit der Unergründlichkeit und ein Bewusstsein von ihm einhergeht. Über das, was sich ergibt aus der Verbindung von Subjektivität, Bindung an ein Vorhaben im Leben und diesem Empfinden, kann eine Suche nach »Sinn« nicht hinausgehen.

Vielleicht ist es gut so. Dass kein »Sinn« von einer höheren Instanz vorgegeben ist, ist Grund unserer Freiheit. Dass sich kein »Sinn« verbindlich angeben lässt, ist Grund des bleibenden Fragens. Dieses Fragen selbst ist »Sinn«.

214

Wer die Suche nach Grund und »Sinn« von vornherein abtut und tastende Versuche, überlegte Fragen, vorsichtige Deutungen – anderes kann es in der Tat nicht geben – ins Irrationale abschiebt, steht im Wege: er steht dem Einzelnen im Wege, der gegen Sinnleere nachdenklich nach Orientierung sucht, nach den Möglichkeiten eines, seines Lebens; er steht dem Ganzen der Gesellschaft im Wege, indem er die Suche nach Bestimmungsgründen, nach den Bedingungen etwa von »Moral« behindert, weil er, wo eine notwendig radikale Kritik der realen Welt notwendig wäre, die wohl geordnete Welt seiner Begriffe genügen lässt und so dem Verfall der sozialen Welt wenig entgegensetzt.

215

Unter den Fragen, die die Philosophie zu Belangen des Glaubens gestellt hat, sind von besonderem Gewicht die Frage nach der Existenz Gottes und nach den Möglichkeiten, die Gewissheit oder doch die Plausibilität einer solchen Existenz darzulegen. Von nicht geringerer Bedeutung sind die Bemühungen um eine Rechtfertigung Gottes: wie kann er, der allmächtig ist, so viel Leid und Elend, Verzweiflung und Not unter den Menschen bestehen lassen? Ist seine Allmacht beschränkt durch die Macht einer entgegenstehenden Negation oder ist gar das Böse ein immanenter Teil des Göttlichen? Genügt als Erklärung der Hinweis, dass ohne das Böse und die Lust an ihm in der Sünde das vom menschlichen Willen erstrebte Gute nicht erkennbar wäre? Ist seine Allmacht beschränkt durch die Macht einer entgegenstehenden Negation oder ist gar das Böse ein immanenter Teil des Göttlichen? Genügt als Erklärung der Hinweis, dass ohne das Böse und die Lust an ihm in der Sünde das vom menschlichen Willen erstrebte Gute nicht erkennbar wäre? Verlangt eine den Menschen gelassene Willensfreiheit notwendig auch den Fortbestand des Bösen?

Aus dem Denken lässt sich weder der Gott noch ein Gott in seiner Existenz begründen. Keine durch Philosophie zu vermittelnde Einsicht vermag der Existenz Gottes Gewissheit zu geben. Die Versuche der Rechtfertigung, der Theodizee, können nur dem überzeugend erscheinen, der diese Überzeugung schon vorab durch den Glauben gewonnen hat. Die Philosophie kann nicht zum Glauben an Gott bewegen. Glaubenszweifel lassen sich mit den Denkfiguren der Philosophie nicht besänftigen. Kein philosophisches Prinzip füllt den Begriff »Gott« aus; keine Funktion, die ihm zugewiesen werden kann – wie etwa die, die Verbindung zwischen dem Endlichen und Unendlichen zu ermöglichen – als Beweis oder Rechtfertigung dienen. Als letzter und tiefster Grund, als Benennung Gottes wird – nach Spinoza – die Causa sui genannt. Causa sui ist eine ins Paradoxe getriebene Aussage zu einem Sein, genauer: zu einer Wirkung, einem Be-wirken. Die Causa sui steht auf den ersten Blick einem physikalischen Prinzip von Ursache und Wirkung näher als dem Erfassen eines Göttlichen als einer Alleinheit, in der alle Weltdinge gefasst wären. Die Ungeheuerlichkeit, die notwendig mit der Frage nach Gott verbunden ist, findet mit dem Begriff der Causa sui keinen hinreichenden Ausdruck.

Heidegger fragt nach der »Verursachung durch die ursprünglichste Sache« und sieht sie in der Causa sui: »Dies ist die Ursache als die Causa sui. So lautet der sachgerechte Name für den Gott in der Philosophie.«

Er sieht aber in der Causa sui einen wesentlichen Mangel an Göttlichem: »Zu diesem Gott kann der Mensch weder beten, noch kann er ihm opfern. Vor der Causa sui kann der Mensch weder aus Scheu ins Knie fallen, noch kann er vor diesem Gott musizieren und tanzen« (Identität und Differenz, a.a.O., S. 64). Es verwundert nicht: der Gott der Vernunft ist wenig mehr als eine Denkfigur, deren Notwendigkeit oder doch Nützlichkeit aus logischen oder moralischen Gründen statuiert wird. Er kann keine Begeisterung auslösen, keine Andächtigkeit begründen. Es hilft nichts: der Gott, vor dem man musizieren kann, ist nicht der Gott der Vernunft; es ist der Gott des Glaubens.

Die Philosophie kann mit den ihr zu Gebote stehenden Kategorien Gott nicht erfassen. Versucht sie es doch, bringt sie den Gott gerade um das, worum es geht: das dem Zugriff der Menschen Enthobene, von ihnen nicht zu Erfassende, um das Göttliche.

Bleibt also nur »das gott-lose Denken, das den Gott der Philosophie, den Gott als Causa sui preisgeben muss«, von dem Heidegger meint, es stehe »dem göttlichen Gott vielleicht näher«? Die Metaphysik lässt Gott in der Frage, in der Frag-Würdigkeit und lässt sich ein auf die mit der Frage einhergehende Unergründlichkeit, in der sie den Grund sieht der Großartigkeit, der Ungeheuerlichkeit, die dem Leben zukommt. Dass für Gott, wenn es ihn nur gibt, die gleiche Unergründlichkeit gelten würde, könnte seiner Größe keinen Abbruch tun und dass wir ihn in Frage stellen, könnte er uns nicht übelnehmen: wenn er es wäre, der das Geheimnis, das Frag-Würdige, das Unergründliche gewählt hätte, läge es an ihm, wenn die Menschen die Fragen und die Frag-Würdigkeit annehmen und aus ihr die Größe ihres eigenen Lebens ableiten.

216

Das intellektuelle Verhältnis zur Welt und zum Leben, das Denken und Philosophie vermitteln wollen, steht nicht unverbunden dem existenziellen Verhältnis gegenüber, das der Glaube schaffen und tragen soll. Metaphysik und metaphysisches Empfinden lassen beide Bereiche sich an den Rändern berühren und – jenseits von Glaubenssätzen und Dogmen – sich in Fragestellungen, Zweifeln und Empfindungen überlagern.

217

Die »Sinnlosigkeit«, die gelebte Fraglosigkeit, der fehlende Anspruch, sich das Leben verständlich zu machen, so gut es geht, stehen dem metaphysischen Denken entgegen.

218

In der Religion ist Metaphysik – in der Metaphysik ist keine Religion.

219

Die Religion entzieht sich dem Urteil der Vernunft; die Philosophie bemüht sich allenfalls um die Frage, ob etwa die Existenz Gottes widerspruchsfrei als möglich behauptet werden kann. Weiter kann die Vernunft nicht gehen. Es gibt kein Wissen im Glauben, so wenig wie es einen Glauben im Wissen gibt.

220

Religion gründet sich auf die Überzeugung, dass es eine unsichtbare Ordnung gebe, und dass das höchste Gut in einer harmonischen Anpassung an diese liege. Das metaphysische Empfinden kennt eine solche Gewissheit nicht. Eine Ordnung, die unsichtbar ist, ist ohne Wirkung und ohne Bedeutung. Eine Anpassung kann deshalb nicht möglich sein. Das metaphysische Empfinden ist von einer derartigen Überzeugung nicht abhängig.

221

Religion behauptet »Wahrheit«, Metaphysik sucht nach Wahrheit im Bewusstsein, nicht und nie über sie als Besitz zu verfügen, und bleibt doch der Wahrheit verpflichtet.

222

Religion ersetzt durch Glauben und gewolltes Bekenntnis, was ihr als Wissen und gegebene Erkenntnis fehlt.

223

Schopenhauer nennt die Religion »Volksmetaphysik«. Daran ist richtig, dass das metaphysische Bedürfnis sich einen Anker in der Religion suchen kann; der Unterschied zwischen Religion und Metaphysik, zwischen

Glauben und Wissen, macht aber die begriffliche Gleichsetzung von Religion und Metaphysik fragwürdig.

224

Metaphysik und Religion haben Fragen gemeinsam; deshalb ist lange Zeit die Theologie als einer der Bereiche der Metaphysik – neben Kosmologie und Psychologie – geführt worden. Seit dem Mittelalter ist immer wieder versucht worden, die Grundlagen des Glaubens mit den Mitteln der Philosophie zu stärken. Der Inbegriff des Glaubens – Gott – sollte nicht nur von einer Glaubensüberzeugung getragen, sondern auch der rationalen Überlegung zugänglich sein. Eine Vielzahl von Gottesbeweisen von Anselm von Canterbury bis in die Moderne haben den Versuch unternommen, durch Mittel der Logik, verbunden mit philosophischen, ontologischen Begriffen, Inhalte des Glaubens mit rationaler Nachdenklichkeit zu verbinden. Man darf die Gottesbeweise nicht geringschätzen. Sie sind nicht einfach Kunstturnübungen des Geistes, wie es manchmal den Anschein haben könnte; sie sind von einem unablässigen Bemühen und einem tiefen Ernst bestimmt und weisen zum Teil eine Eleganz der Gedankenführung und innere Folgerichtigkeit auf. Und doch bleibt der Eindruck einer Bemühtheit: der Beweis soll nicht eine Überzeugung schaffen, vielmehr den schon gegebenen Glaubensinhalt bestätigen. Überzeugend sind sie in der Regel nur dem, der schon überzeugt ist. Eine Mozart-Messe oder eine schöne Liebe, ein Hölderlin-Gedicht oder ein Naturerlebnis haben wohl mehr Menschen mit dem Göttlichen in Verbindung gebracht als jene Gottesbeweise.

225

Neuere Versuche sind vorsichtiger: Sie gehen nicht auf positive Feststellung einer Existenz Gottes, sondern bleiben bei der These: dieser und jener Umstand oder Gedankengang steht jedenfalls einer Annahme einer Existenz eines Schöpfergottes nicht entgegen und verweisen für das, was fehlt, nicht auf eine logische Anstrengung, sondern auf Überzeugtheit durch Glauben.

226

Wo die Religion Antworten gefunden hat oder doch solche behauptet, fällt es dem Verstand schwer, sie nachzuvollziehen. Die Antworten, wenn man sie als solche ernst nimmt, befriedigen den Verstand nicht, geben ihm vielmehr Grund zu weiteren Fragen: die Annahme der leiblichen Auferstehung führt zu der Frage, welcher Leib aus welchem Lebensalter gewählt würde; wäre es derjenige im Zeitpunkt des Todes, wäre es für denjenigen, der kalkuliert und glaubt zugleich, sinnvoll, einen frühen Tod anzustreben, der ihm den jugendlichen Leib auf alle folgende Ewigkeit erhalten würde. Wird je ein Jüngstes Gericht tagen, nach welchen Kriterien und Maßstäben würde es entscheiden? Wo werden die Seelen der Verstorbenen bis zu dessen Entscheidung gelagert und in welcher Gestalt? Mit dem Anspruch der Gerechtigkeit über den Verbleib der Seelen in Ewigkeit entscheiden zu können, ist mit menschlichem Verständnis nicht vereinbar. Die Handlungen in der kurzen Spanne des menschlichen Lebens, mögen sie moralisch oder verwerflich gewesen sein, können nicht entscheidend sein für ein Schicksal in die Ewigkeit hinein.

Im Übrigen wäre wohl auch das Jüngste Gericht nicht ganz vor Irrtum und Täuschung gefeit. Im Tympanon der Kathedrale von Autun ist ein Engel dargestellt, der beim Jüngsten Gericht einer Seele zur Himmelfahrt verhelfen will, indem er die Seelenwaage niederdrückt; der Teufel, mit wütender Grimasse dargestellt, ist über diesen »Betrug« zutiefst empört.

227

Es ist nicht sicher, dass die Schwächung oder gar das Verschwinden der Religion für die Menschheit von Vorteil wäre. Die Religion verfügt über Anschaulichkeit, über einen Reichtum an Bildern, Legenden, Geschichten und Darstellungen und hält mit ihnen den Sinn offen für das, was die Erfahrungswelt des Alltags überschreitet. Sie schafft mit Zeremonie, Ritus und Liturgie die Möglichkeit, Gemeinschaft zu empfinden und einem geteilten Bedürfnis nach dieser Überschreitung Ausdruck zu geben.

228

Gerade im »Geheimnis des Glaubens« und in den Glaubenszweifeln bleiben die Fragen der Metaphysik; ihre Wirkung und Bedeutung, die sie in der Gesellschaft haben können und werden, hängt nicht zuletzt von der Kraft und der Rückenstützung ab, die die Metaphysik durch die Religion – ungeachtet der Unterschiede zwischen beiden – erfahren kann. Es wäre ein Irrtum zu meinen, ein Niedergang der Religion käme einem freien metaphysischen Empfinden zugute. Das Gegenteil ist wohl der Fall: mit der Abwendung von der Religion würde auch eine Abwendung vom metaphysischen Empfinden im Ganzen einhergehen und die Vernunft, alleingelassen, würde jedes Sensorium für Mehr-als-Leben, für anderes als das Erfahrbare, für Transzendenz, verlieren.

229

Entscheidend ist nicht der Gegensatz zwischen Glauben und Wissen (es ist unter dem Gesichtspunkt der Gewissheit gar kein Gegensatz), sondern zwischen Glauben und (Nach-) Denken, im Denken Verweilen, Zweifeln und Fragen. Der Glauben kann den Zweifel wohl hinnehmen als vorübergehende Abweichung oder Schwäche; das beharrlich fragende Nachdenken aber oder der nicht still zu stellende nagende Zweifel gefährden den Glauben; sie nehmen ihm seine Kraft.

230

Der Gläubige ist nicht deshalb, weil er glaubt, auch ein Metaphysiker. Er hat vielmehr mit der Religion eine Übung, eine Praxis, eine Gewohnheit gewonnen, die ihm erlaubt, mit Fragen der Metaphysik in Verbindung zu stehen, sei es auch ohne eigenes metaphysisches Denken. Er steht in einem Bezug zu den metaphysischen Fragen, die er mit dem innerweltlichen Leben verbindet.

231

Glauben und Wissen berühren sich nur an den Rändern. Die Frage ist, ob es am Rand des Wissens Elemente und Erkenntnisse gibt, die Bedeutung haben können für den Glauben wie auch für die Metaphysik. Können etwa Erkenntnisse der Quantenphysik unsere Vorstellung des Seins im Ganzen beeinflussen oder ändern? Nur mit großer Vorsicht können solche Übertragungen ins Auge gefasst werden. Leicht kann der Glaube in Versuchung geraten, sich voreilig falsche Autorität in der Wissenschaft zu verschaffen.

232

Dem Gläubigen, der den Glauben als existenzielles Verhältnis zur Welt ernst nimmt, ist bewusst, dass es die Nachdenklichkeit, der Umgang mit den Fragen der Metaphysik sind, die ihn zum Glauben hin- geleitet haben. Nimmt er einen Glauben als verbindliche Lehre an, wird er dadurch der Nachdenklichkeit nicht untreu, wenn er nur den Anspruch, ins Grenzenlose zu denken, nicht verleugnet und es versteht, die Bindung an den Glauben mit solchem Denken in einem lebendigen Widerspruch zu vereinbaren.

233

Der Agnostiker meint zu wissen, dass es nichts zu erkennen gibt und dass jede Mühe um Erkenntnis ebenso sinnlos ist wie das Fragen. Er hält deshalb Metaphysik schlechthin für sinnlos, stellt keine Fragen mehr, lässt sich durch Unerkennbares nicht beunruhigen und bleibt fraglos im irdischen Leben. Eine docta ignorantia gibt es für ihn nicht.

234

Der Atheist hat viel mit dem Gläubigen gemeinsam; er verfügt, sagt er mit dogmatischem Ernst, über sicheres Wissen zu Gott, Seele, Unsterblichkeit: er weiß, dass es all das nicht gibt. So wenig aber, wie dem Gläubigen ein Wissen von Gott zugänglich ist, so wenig kann der Atheist sein Wissen begründen, dass es nichts ist mit Gott. Der Atheist muss ein Gläubiger sein – im Negativen.

235

In der Religion verbinden sich – aus der Perspektive der Metaphysik – die großen Fragen der Metaphysik mit einer Gewissheit, die nicht die Metaphysik, wohl aber der Glauben vermitteln kann. In der Religion und Religionsphilosophie finden sich zwangsläufig die Fragen nach Seele, Gott, Unsterblichkeit. Sie machen einen Teil ihres Gehalts aus und rechtfertigen deshalb, soweit sie diese Fragen stellen, die Zuordnung zur Metaphysik. Über Jahrhunderte hin waren der Religion verbundenes Denken und die Versuche einer säkularen Welterklärung ineinander verwoben. Die Religionsphilosophie, dem Anspruch nach Glauben, Religion und Denken in einem, sucht in der Gegenwart die Vermittlung mit dem reinen Denken zu halten, indem sie denjenigen Gehalt des Religiösen, zu dessen Akzeptanz Glauben über jedes Denken hinaus verlangt wird, geringhält und sich in einer »negativen Theologie« positiver Aussagen weitgehend enthält. So besteht die Religion aus einer Verbindung von Fragen, die Fragen der Metaphysik sind, von religiösen Formen, Traditionen und kulturellen Ausdrucksweisen, die im Bezug stehen zu diesen Fragen, und von Elementen, die der Glauben und nur der Glauben tragen kann. Die Religion hat an das Leben gestaltender, tragender Kraft verloren. Was aber die Religion verloren hat, kann die Philosophie nicht kurzerhand ersetzen.

236

Die Mystik sucht dem Ausdruck zu geben, was vor den Möglichkeiten des Verstandes liegt und diesen Möglichkeiten erst einen Rahmen gibt. Sie geht davon aus, dass die Gegenstände im Ganzen und in Teilen nicht erkannt werden können, wenn sie ohne Bestimmtheit und ohne Eigenschaften sind. Bei allem Denken in Gegensätzen, Unendlichkeiten und Paradoxien bleibt doch notwendige Voraussetzung eines solchen Denkens ein Begriff des »Göttlichen«. Nur so kann die innere Einheit gewährleistet sein, die Welt und Gott verbindet. Die innere, nicht mit-teilbare Erfahrung, die der Mystik wertvoll ist, geht auf Erleuchtungen und Offenbarungen, auf Gefühle der Einheit. In neueren Formen der Mystik wird die Negativität hervorgehoben, das Nicht-Identische, radikal Andere. Immer aber bleibt ein Bezug auf göttliches Wirken und Wesen. Die Mystik ist nur verständlich auf einem notwendig religiös gefärbten Hintergrund. Auch dort, wo ein positives Wissen von Gott vermieden wird, bleibt die Gestimmtheit des religiösen Gefühls und die dadurch vermittelte, trotz allem tragende Vorstellung göttlichen Seins.

237

Ist ursprünglich die Religion oder das metaphysische Bedürfnis und das metaphysische Empfinden? Nietzsche (Die fröhliche Wissenschaft, Aph. 151) will das metaphysische Bedürfnis als von den Religionen abgeleitet verstehen. Wenn sich aber die Metaphysik als Fragen versteht, hat die Metaphysik zur Religion als Versuch einer Antwort (im Glauben) geführt. Da die Frage vor der Antwort steht, können die Religionen nicht Grund der Fragen sein. Der Impetus der Religionen ist eng mit der Metaphysik verbunden. Im alten Verständnis wird die Theologie, theoretische Verwandte der Religion, als Teil der Metaphysik gesehen. In der Tat könnten die Religionen die Frage nach ihren eigenen Entstehungsgrund nicht beantworten ohne Bezug auf jene Fragen. Metaphysisches Bedürfnis und metaphysisches Empfinden lassen sich nicht aus Religionen herleiten, wohl aber Religionen aus metaphysischem Bedürfnis.

238

Wo Wissen ist, hat der Glaube keinen Platz; wo Glauben ist, bedarf es des Wissens nicht. Der Bereich des Wissens erstreckt sich auf das Erfahrbare, auf Erscheinungen; der Bereich des Glaubens liegt jenseits solcher Erfahrung. Glaube ist nicht Erkenntnis als Leistung eines Subjekts; er ist vielmehr Ausdruck einer Bestimmtheit, einer vertrauenden Grundannahme, die sich als Bekenntnis mit einem gewissen Wahrheitsanspruch versteht. Der Glaube an Gott, an Seele oder Unsterblichkeit kann nicht auf Beweisgründe zurückgreifen. Kein Wissen reicht hin, um den Welturheber erkennen zu lassen oder auch nur eine Antwort zu geben auf die Frage, ob er überhaupt existiert. So haben Glauben und Wissen kein verbindendes Element, auf das sie sich beziehen könnten; das Wissen ist nicht Gegenstück zum Glauben.

Gegenstück zum Glauben ist die Befassung mit den Fragen des Glaubens in einer Weise, die die Überzeugtheit des Gläubigen nicht teilt und nicht teilen kann. Es ist ein Verweilen in Fragen, im fragenden Denken, das sich mit einem Empfinden verbindet.

239

Dieses Empfinden mit bleibenden Fragen und bleibender Frag-Würdigkeit sucht nicht nach Antworten auf jene Fragen; solche Antworten sind nicht möglich. Es bleibt in den Fragen und in dem Bedenken; es bleibt im Denken und nimmt dieses Denken und Empfinden als Konstituante menschlichen Seins. Da ihm die subjektive Bestimmtheit des Glaubens verwehrt ist und objektive Gewissheit nicht zu erlangen ist, bleibt nur, in dieser Frag-Würdigkeit zu verweilen und sie als Hinweis auf menschliche Größe zu nehmen. Dass der Mensch, mit Geist begabt und mit Bewusstsein ausgestattet, den tiefsten Grund seines Daseins nicht erkennen kann, kann nicht als Schwäche gelten, im Gegenteil: es lässt sich viel eher als Ausweis einer Größe, hinter der die Unergründlichkeit steht, verstehen. Es ist diese Unergründlichkeit, die aller wissenschaftlichen Erkenntnis sich versperrt, die die Ungeheuerlichkeit des menschlichen Lebens zu einem Gutteil begründet.

Wenn kein Wissen diese Unergründlichkeit übersteigen kann, kann die Annahme Gottes oder der Unsterblichkeit nur als »Postulat« (Kant) statuiert werden, das die Möglichkeit und den Bestand der Moral gewährleisten soll; es ist nicht eine erkenntnistheoretische, sondern (nur) eine behauptete moralische Gewissheit, auf die sich die Annahme Gottes stützen kann.

Ist von Glauben und Wissen die Rede, handelt es sich meist nicht um eine Entgegensetzung der beiden Begriffe, sondern um die Frage des Verhältnisses zwischen Wissen und Religion.

240

Die Fragen und Zweifel, die im Glauben wohnen, lassen nach Halt und Ruhe suchen in der Religion. Sie vermittelt und pflegt ein Gefühl der Verbundenheit mit dem »Göttlichen« in der Offenbarung und gleichzeitig mit den Menschen durch gemeinsame Gottesverehrung im Ritus. Die Religion sucht nach Antworten und Begründungen. Sie macht sich dabei umso angreifbarer, je weiter sie die Konkretion und die behauptete Gewissheit treibt oder gar mit Wissen stützen will. In Gestalt der Kirche wird die Religion zur Institution mit eigener Verfasstheit, zur »Körperschaft« als Teil des sozio-kulturellen Gefüges. Es bleibt dabei die Spannung zwischen dem geistigen Gehalt, dem Reich, das nicht von dieser Welt ist, und der materiellen Präsenz im Irdischen.

241

In einem langen geschichtlichen Prozess hat die Vernunft Glauben und Religion langsam verdrängt. Die Gesellschaft ist säkularer verfasst und stützt sich auf Rechtsstaat, Demokratie und Menschenrechte. Zunehmend aber macht sich die Einsicht breit, dass sich aus dem profanen-säkularen Verständnis der Welt und des Lebens nur schwer Ableitungen auf Moral, auf Sinn, auf wechselseitiges Wohlwollen und Geneigtheit unter den Menschen begründen lassen. »Vernunft« ist mit Interesse verbunden. Interessen und ihre Wahrnehmung aber vereinzeln, wenn sie nicht gesellschaftlich eingebunden sind und den eigenen Vorteil vor alle andere Zwecke setzen. Aus der »Vernunft« lässt sich kein Grund gewinnen, weshalb man, auch wenn die Inkaufnahme eines Nachteils verlangt wird, moralisch sein sollte. Siegt die instrumentelle Vernunft ganz, kann es keinen Sinn mehr geben für Verbundenheit unter den Menschen; rein säkulare Begriffe wie Demokratie und Rechtsstaat – Begriffe eher der Organisation als der Verbundenheit – reichen dafür nicht hin. Wenn Verfahrensrationalität und Vernunft keine Substanz aus anderem Stoff mehr entgegensteht, wird die Welt flach, leer und ohne Geheimnis. Der Raum des Allgemeinen, die Öffentlichkeit, verlieren im gleichen Maße an Bedeutung, in dem die bindungslose, orientierungslose Individualität zunimmt. Neue Technik und neue Medien fördern solche Vereinzelung; sie nehmen den Menschen wahr als eine Funktion, als einen Teil im Netzwerk, in dem er jeder Art von Beeinflussung zugänglich ist. Die Einpassung, die von ihm verlangt wird, macht es ihm schwer, sich einen Eigenwert, einen Begriff von menschlicher Würde anzueignen.

Dieser Entwicklung sich zu widersetzen, geht nicht ohne Begriff von menschlicher Größe und Würde, abgeleitet aus Bewusstsein, Selbstbewusstsein und metaphysischem Empfinden.

242

Das, was sich Metaphysikkritik nennt, setzt an an der mangelnden Bestimmtheit des Gegenstandes, verbunden mit einer gewissen Maßlosigkeit des Anspruchs. Kein anderer Bereich hatte im abendländischen Denken eine vergleichbare Bedeutung eingenommen wie eben die Metaphysik. Diese Bedeutung gilt auch dort, wo die Metaphysik scharfer Kritik ausgesetzt ist. Kant, der in ihr seine eigentliche Liebe sehen will, in dieser Neigung sich aber enttäuscht sieht, hat sich durchgängig mit Fragen der Metaphysik befasst, Fragen nach ihren Möglichkeiten und Grenzen gestellt, an den Grenzpfählen gerüttelt und gleichzeitig vor Geflunker und Schwärmerei gewarnt. Sein Anliegen bleibt es, an der Vernunft festzuhalten und doch danach zu suchen, die erdenschwere Erfahrung für die Bestimmung all dessen, was zu wissen und zu denken ist, zu überschreiten, jedenfalls ihre Grenzen zu bestimmen. Deshalb hat er der Frage des Wissens außerhalb und vor der Erfahrung Gewicht gegeben und Postulate statuiert in einem Bereich, in dem das Wissen keine Autorität beanspruchen konnte. Heidegger weist der Metaphysik in einer eigenwilligen Weise zunächst grundlegende Bedeutung zu. Im weiteren Verlauf seines Denkens gelangt er zu einer Ablehnung der Metaphysik – gemeint ist die abendländische Metaphysik – mit dem Vorwurf, sie hafte zu sehr am Seienden und vergesse das Denken des Seins. Nietzsche hält der Metaphysik vor, sie verhindere mit einer Behauptung von Wissen, wo nichts zu wissen sei, ein ausgreifendes, freies und tiefes Denken. In der Philosophie der Gegenwart ist von Metaphysik wenig mehr die Rede. Wo sie Erwähnung findet, wird ihr das Wissen entgegengehalten und das »nachmetaphysische Denken« als die derzeit angemessene, im Grunde allein mögliche Form des Denkens genommen. Die Metaphysik, dem Glauben angenähert und nur so geduldet, verliert ihren eigentlichen Gehalt: Fragen zu stellen, wo eine Antwort nicht erwartet werden kann, im Fragen und in der Fragwürdigkeit zu verweilen, zu bedenken, wie ein Leben einzurichten ist, das solchem Umgang mit Fragen entspricht. Denn der Mensch ist ein Wesen der Frage.

243

Metaphysik muss sich stets ihrer eigenen Ungesichertheit versichern und ihrer Beschränktheit. Die Reflexion über ihre Grenzen ist stets auch Meta-Metaphysik.

244

Mit zu viel Nachdruck hat die Metaphysik die Frage nach dem Ur-Ursprünglichen gestellt, nach dem zeitlos Letzten, nach dem alles tragenden Fundament. Dass auch Annäherungen an das Absolute, das Berühren dessen, was einer als das »Heilige« empfinden mag, auch dann Sinn beanspruchen können, wenn sie nicht in dauerhafter Verfügung stehen, dass die Behauptung von Letztbegründungen metaphysisches Fragen nicht zur Ruhe bringt, zeigt, dass die Metaphysik in einem breiteren Sinne zu verstehen ist: sie umfasst auch die Wahrnehmung eines metaphysischen Gehalts in den Dingen und Phänomenen der Alltagswelt, jenseits der großen Fragen der Metaphysik. Obendrein gilt, dass auch »vorletzte« Begründungen ein Gran an Wahrheit transportieren können.

245

In der Entgegensetzung Glauben-Wissen ist die Richtung erkennbar: das Wissen drängt den Glauben zurück – das ist der Gang der Geschichte; sie ist, kurz gesagt, ein Sieg der modernen Vernunft gegen die Metaphysik im Allgemeinen und gegen den Glauben im Besonderen. Metaphysisches Empfinden gibt es nicht für den Vertreter dieser Vernunft. Aufgabe der Vernunft soll es sein, die wissenschaftlich-technische Welt zu stützen und dabei nur verhaltene Kritik an ihren Auswirkungen zu üben. Dass die Vernunft nicht frei im Raume steht, vielmehr ihre Träger, ihre Agenten, ihre Takt- und Richtungsgeber hat, wird dabei wenig beachtet. Tatsächlich aber ist es im international organisierten Kapitalismus das international organisierte Kapital, das den Spielraum bestimmt, der der Moral, der Ästhetik, der Entfaltung aller Formen des Zusammenlebens gelassen ist. Was jeweils als Vernunft zu gelten habe, wird zu einem Gutteil bestimmt durch jeweilige Konstellationen der Macht und der Interessen. Sehr wohl kann die Vernunft, genauer: die Berufung auf sie zur Legitimations- und Organisationsform von Auflösung und Zerstörung gesellschaftlicher, politischer und kultureller Formen werden.

246

Das metaphysische Empfinden wendet sich gegen eine Auffassung, in der nur Erfahrung, Prozesse, naturwissenschaftliche Erkenntnisse zählen. Solche Erkenntnisse können nur für eine Welt als Abschluss gelten, die die Fragen nach dem Grund, einem göttlichen Wirken, in welcher Form auch immer, nach einem letztgültigen Prinzip aufgegeben hat, sich mit den der Erfahrung zugänglichen Einzeldingen begnügt, sich in ihnen bewegt, ohne nach Sinn und Grund zu fragen, und sich in ihnen verliert.

247

Metaphysisches Empfinden ist bleibende Unruhe. Es drängt darauf, nach dem Grund und dem »Wesen« der Weltdinge zu fragen, auch wenn solcher Grund der Erkenntnis verschlossen bleibt; es gibt keine Erkenntnis, kein Wissen eines letzten Grundes als Verständnis des Ganzen. Erkenntnis bleibt auf Erscheinungen beschränkt; Grund und Wesen, das »Ding an sich«, bleiben verborgen und keine Erkenntnis, keine Leistung des Subjekts bringt sie ins Tageslicht.

248

Gibt es eine Vernunft, die aus einem anderen Stoff ist, als diejenige, die aus dem berechnenden Verstand kommt? Gibt es Vernunftgründe des Herzens (Pascal), die jenseits der reinen Verstandesvernunft liegen? Gemeint ist dabei nicht einfach Gutmütigkeit oder Selbstlosigkeit, wie sie in der Gegenwart leicht als Mangel an Durchsetzungsvermögen oder als Einfalt verstanden werden; gemeint ist, dass im Begriff der Vernunft mehr enthalten ist als die Fähigkeit zu reinem Kalkül, reiner Verfahrensrationalität, reinem Vorteilsstreben. Eine Vernunft des Herzens kann nur entstehen, wenn sie von Empfindungen getragen wird, die den berechnenden Geist überschreiten, sich stützend auf das, was die Menschen verbindet und ausmacht, auf Moral, auf Wahrnehmung seiner selbst und des anderen, auf Nachdenklichkeit, auf metaphysisches Empfinden. Solche »Vernunft« zu lehren und zu leben könnte eine erstrebenswerte Haltung zum Leben begründen. Sie verlangt, sich gegen die Verhältnisse zu setzen und deshalb um ein hohes Maß an eigenem Urteilsvermögen bemüht zu sein.

249

Die Philosophie braucht Poesie – nicht nur des Reimes willen.

Ist die Metaphysik eine Wissenschaft? Kant bezeichnet sie als solche und sieht in ihr eine »Naturanlage unserer Vernunft«. Die Tatsache, dass sie keinen Gegenstand hat, dem man sich mit wissenschaftlichen Mitteln annähern könnte, mit keinem Wissen aus Erfahrung, verbunden werden kann, führt Kant dazu, zu einer Analogie Zuflucht zu suchen und aus ihr die Notwendigkeit abzuleiten, »die Welt so anzusehen, als ob sie das Werk eines höchsten Verstandes und Willens sei«. So bleibe doch ein »hinlänglich bestimmter Begriff von dem höchsten Wesen übrig«. Dass die Metaphysik je aufgegeben würde, ist ihm undenkbar: »Es wird also in der Welt jederzeit, und was noch mehr, bei jedem, vornehmlich dem nachdenkenden Menschen Metaphysik sein« (Prolegomena zu einer jeden künftigen Metaphysik, die als Wissenschaft wird auftreten können, A 193). Eine streng zu nehmende Kritik soll verhindern, dass sich Wissen mit Scheinwissen vermischt und durch spekulative Dogmatik und Schwärmerei ersetzt, was die Metaphysik als Behauptung und Aussage aus wissenschaftlicher Erkenntnis und Erfahrung nicht aussagen kann. Kants Postulate – Unsterblichkeit, Freiheit und Dasein Gottes – gründen nicht in einer aus Erfahrung gewonnenen Einsicht, sondern in der für ihn gegebenen Notwendigkeit, sie als Bedingungen für die Erfüllung eines moralischen Gesetzes, für die angenommene Unabhängigkeit von der Sinnenwelt und für eine intelligible, vom höchsten Gut bestimmten Welt zu nehmen. Es mag fraglich erscheinen, ob eine Betrachtung Gottes, die ihm die Aufgabe eines Postulats aus moralischer Notwendigkeit zuweist, nicht nach seiner Natur fragt, sondern nach seiner Bedeutung für den Menschen als moralisches Wesen, recht in Einklang zu bringen ist mit dem, was mit dem Glauben an Gott und der Suche nach ihm gemeint ist. Vielleicht ist der Gott des Postulats dem Gläubigen zu wenig, dem Ungläubigen zu viel. Der Gläubige stößt sich an einer funktional-irdischen Betrachtungsweise, die die Annahme Gottes nur darauf stützt, dass sie ihn braucht zu im Grunde »irdischen« Zwecken, zur Begründung der Moral. Der Gläubige lässt sich damit nicht zufrieden stellen, der Ungläubige nicht zum Glauben führen. Lässt sich keine Existenzaussage machen, ist es vielleicht angemessen, auf einen nur im Modus des »als ob« anzunehmenden Gott zu verzichten und stattdessen auf die Unergründlichkeit zu verweisen und für die Gründung der Moral eine andere tragende Struktur zu wählen.

250

Das metaphysische Empfinden kann zu der Frage, ob Seele, Gott, Unsterblichkeit »existieren«, keine Behauptung aufstellen. Ob Seele, Gott, Unsterblichkeit über den Begriff hinaus eine Existenz zukommt, entzieht sich jedem Wissen; dem Denken und Empfinden ist es eine bleibende, unabweisliche Frage. Der Umgang im Fragen und Denken und die Prägung durch diesen Umgang sind das, was dem metaphysischen Empfinden möglich, aber auch notwendig erscheint.

Das Denken, das mit dem metaphysischen Empfinden verbunden ist, lässt sich nicht ruhigstellen. Je nachdrücklicher es auf letzte Fragen, Fragen nach dem Letzten, Tiefsten, Höchsten hingeht, desto mehr drängt sich die Forderung auf, dass Aussagen und Antworten auf letzte Dinge auch letztgültige, mit dem Anspruch auf Gewissheit auftretende Erklärungen sein müssen. Damit, dass es diese Gewissheit nicht gibt (und nicht geben kann), will die Menschennatur sich nicht abfinden. Kant will der Metaphysik durch strenge Kritik der Vernunft, ihrer Begriffe, ihrer Quellen und Möglichkeiten einen festen Halt geben, der etwa dem entsprechen könnte, den die Naturwissenschaft in der Mathematik und Erfahrung findet; nur als Wissenschaft könne Metaphysik gerechtfertigt sein (Prolegomena, A 199,212). Der Vernunft aber dürfen keine Fähigkeiten zugewiesen werden, zu denen ihr im Grunde die Berufung fehlt. Sie kann wohl für Klarheit sorgen in den Begriffen und

Deutungen; sie kann keine Klarheit aber schaffen in Bereichen, in die sie nicht hinreicht oder die ihr keinen Stoff bieten, an dem sie sich zeigen könnte.

251

Bei Kant wird kaum einer der ordnenden Begriffe so häufig verwendet wie der der Metaphysik. Ursprungsphilosophie und Kritik an ihr und »metaphysisches Bedürfnis« bestehen nebeneinander. Das metaphysische Empfinden führt ihn in die Nähe der »Weisheit«, zur »Metaphysik der Sitten« und zur »Anthropologie«. Für einen »Moralisten« ist er freilich zu theoretisch und zu praktisch zugleich – die »reine Vernunft« steht neben konkreten Schilderungen zu Lebensweisen ferner Völker, die nicht aus Lebenserfahrung gewonnen sind und deshalb eher von einer gewissen Naivität als von verarbeiteter Weltkenntnis zeugen. Kant denkt nicht zu streng für einen Philosophen, wohl aber für einen »Moralisten«.

252

Für Hegel ist der zentrale Begriff nicht der der Metaphysik, sondern der der Logik. Die Logik, bestimmt als die »Wissenschaft des reinen Verstandes und der reinen Vernunft«, wird in enger Verbindung mit der Metaphysik gesehen. Dem entspricht es, dass die Metaphysik ihren Platz findet in der »Wissenschaft der Logik« und dort bestimmt wird als »Wissenschaft der Dinge in Gedanken gefasst«. Die Abhandlung unter dem Titel »Metaphysik« hat die »alte Metaphysik« zum Gegenstand und legt deshalb in Vergangenheitsform die Teile dieser Metaphysik dar (Ontologie, Psychologie oder Pneumatologie, Kosmologie, natürliche oder rationelle Theologie). Dazu, was Fragen der Metaphysik in der Zeit sein könnten, was eine zeitgemäße Metaphysik sein könnte, enthält sie nur wenige Andeutungen. Hegels Absicht und Interesse geht auf eine Ordnung im System hin, in dem Logik, Natur und Geist zueinander in Beziehung stehen und das gegen ein Denken ins Beliebige gerichtet ist.

Ein derartiges Unternehmen der Ordnung hat den unschätzbaren Vorteil, dass es das Verständnis der Einzelheit ebenso ermöglicht wie dasjenige des Ganzen und dabei für den Menschen auch die Last der Endlichkeit mindert: die Einbindung in ein System lässt den Einzelnen an der Nicht-Endlichkeit teilnehmen, die das System für sich in Anspruch nimmt. Freilich hat das System eine Neigung zur Geschlossenheit oder doch zu deren Behauptung; sie schafft nicht nur Ordnung – sie will Ordnung und ist deshalb gegen Schwebendes, Unfertiges, Filigranes, Abweichendes, kurz: gegen all das, was sich dem definitorischen Zugriff entzieht und ohne das Gewicht des Begriffes auskommt. Die Neigung zum System kann leicht zur Neigung zur Einfügung, Einpassung werden. Begriffe wie Unergründlichkeit oder metaphysisches Empfinden können in dieser Betrachtung nur wenig Bedeutung haben. Metaphysische Berührtheit als spontane Empfindung, wo sie ist, findet in Hegels Text zur Metaphysik wenig Ausdruck.

253

»Vollendung der Philosophie« ist ein schweres Wort. Es lädt ein zum Missverständnis. »Vollendung« verbindet die wohlgerundete Fülle – das »Volle« – mit der Feststellung eines Abschlusses, eines Endes. Dass philosophisches Denken, die Philosophie im Allgemeinen oder die Metaphysik gemeint sein könnten, ist nicht denkbar; die Aussage wäre vermessen und – schlimmer noch – ganz falsch: es kann kein Ende geben der Philosophie als geordneter Weise des Denkens. Die »Vollendung« kann sich im Grunde nur beziehen auf ein bestimmtes, in sich geschlossenes System philosophischen, spekulativen Denkens. Wäre es anders, wären Denken, Philosophie, Metaphysik nur noch als Ausformungen und Wiederholungen, nicht aber als Aufschluss zu anderem Denken zu verstehen. Es würde in dem Begriff der »Vollendung« ein Urteil liegen: dass Philosophie und Denken sich auf einen Nachvollzug zu beschränken hätten dessen, was schon gedacht und ohne eigenes Denken zugänglich ist; dass Metaphysik und Nachdenken sich in den so gesteckten Grenzen zu bewegen hätten und dass es mit dem in der Metaphysik notwendigen Ausgriff ins Ungedachte und mit der allein vom Subjekt getragenen Deutung des Lebens mit eigenen Vorstellungen und Normen, mit einem je eigenen philosophischen Bemühen zu Ende gehe oder gar schon gegangen sei.

254

Heidegger kritisiert Metaphysik, die sich nur auf das Dasein bezieht und das Denken an das »Sein« vergisst. Weil sich aber die Metaphysik nach seiner Meinung ganz auf den Bezug zum »Dasein« und zum »Seienden« eingestellt habe, will er, so scheint es, in seinen späteren Jahren die Metaphysik im Ganzen verwerfen oder doch beiseiteschieben. Die Rede ist von einer »Verwindung« der Metaphysik. Der Sache nach gibt es bei ihm sehr wohl eine »Metaphysik des Seins«, die weniger Gegenstand eines Sagens als eines Raunens ist. Freilich ist sein Verhältnis zur Metaphysik durchgängig ambivalent. Das Schwanken zeigt sich daran, dass im Abstand weniger Jahre in einem wesentlichen Zusammenhang – nämlich bei der Frage, ob das »Sein ist« – ausgesagt ist, dass »das Sein wohl west ohne das Seiende« (Was ist Metaphysik? 4. Aufl., 1943), während in der 5. Auflage (1949) das gerade Gegenteil festgestellt wird, nämlich »dass das Sein nie west ohne das Seiende«. Die Ambivalenz zeigt sich auch in der Sache. Es ist die Herrschaft der Metaphysik »in der Gestalt der modernen Technik und deren unabsehbaren rasenden Entwicklungen«, die er ablehnt; das gilt nicht für den Schritt »zurück aus der Metaphysik in das Wesen der Metaphysik« (Identität und Differenz, 8. Aufl. S. 65). Metaphysik ihrem Wesen nach, so muss man Heidegger verstehen, könnte den Weg des Denkens durchaus begünstigen. Was das Sein sei, bleibt aber gestaltlos im Dunkeln: es ist in allem und über allem; es ist und ist nicht und das alles in einem. Das so gefasste Sein kann weniger Gegenstand eines Sagens als vielmehr nur eines (An-)Deutens sein. Was im Konkreten bleibt, ist das Lob der Gelassenheit. Diese Gelassenheit geht einher mit einer Rückstufung der Subjektivität und der menschlichen Gestaltungsmacht. Eine Hoffnung, und sei es auch eine vage, in die Menschheit zu setzen, ist so nicht möglich. Der Verweis auf den allenfalls noch rettenden Gott überlässt die Menschen der Willkür des Gottes. Es gibt keinen Grund, nicht bei der Metaphysik des Seienden und des Daseins zu bleiben, nicht zu einer Metaphysik der Alltäglichkeit zu kommen (die es in »Sein und Zeit« in Ansätzen durchaus gab) als Grund des Verstehens und der Nachdenklichkeit. Die Metaphysik des Seienden führt keineswegs notwendig zur Verfallenheit in Technik, Gestaltungswahn, Hybris und Hohlheit; sie kann im Gegenteil verweisen auf die bewusste und notwendige Kritik des Gegebenen und auf den Anspruch auf ein mögliches Anderes. Das Unerklärliche, das das Fragen dennoch sinnvoll sein lässt, die Transzendenz, wie die Metaphysik sie mit sich führt, kann dabei als Ausweis der Größe und Würde des Menschen gelten; es stützt den Anspruch eines jeden auf ein dem angemessenes, menschenwürdiges Leben.

Nur aus Subjektivität heraus kann ein Verhältnis gesucht werden zum »Sein«, was auch immer es in seiner Verborgenheit sein mag; nur aus Subjektivität heraus kann eine Ahnung auf solches »Sein« gehen. Eine Einlassung auf ein objektives »Sein«, eine Überlassung an dessen Führen, leitet notwendig ins Dunkle und erinnert daran, dass »Sein und Nichts dasselbe« sind.

255

Das »Nichts« bei Heidegger kennzeichnet sich dadurch, dass es nicht nicht ist und nicht nichts ist, deshalb gleichsam Seinsqualität hat in negativer Gestalt. Nur so kann es in »Was ist Metaphysik« zum bestimmenden Begriff werden. Das »Nichts« mag einen Schauder erzeugen, erschüttern kann es nicht. Dieses »Nichts« lässt sich einordnen ins Denken und statt eines Blicks in einen Abgrund, ins Unendliche des Nicht-Seins, gewährt es den Eindruck einer grundsoliden Seinskategorie.

256

Für Adorno ist der Begriff der metaphysischen Erfahrung bedeutsam. Sie ist nicht Erkenntnis eines Objekts, sie ist auch nicht der Versuch, Vergangenes in Bildern festzuhalten – dann wäre sie Erinnerung. Zum metaphysischen Phänomen wird für ihn eine Erfahrung, wenn die Erinnerung überstiegen wird, einer Transzendenz Platz macht, die das Objekt umgibt.

257

»Metaphysische Erfahrung« kann sich auf einen Gegenstand beziehen, der die Erfahrung ermöglicht und trägt. Der Begriff der »metaphysischen Erfahrung« ist aber leicht missverständlich. Er kann nicht die Erfahrung meinen, wie sie wiedergegeben, mitgeteilt, verarbeitet oder gewusst werden kann. Die »metaphysische Erfahrung« begründet kein Wissen. Tatsächlich ist das Gemeinte eher Erleben, Einlassung, Empfindung. Die »metaphysische Erfahrung«, wo sie ist, setzt die Möglichkeit metaphysischen Empfindens voraus. Ohne ein metaphysisches Grundgefühl ist metaphysische Erfahrung nicht möglich.

258

Nicht die metaphysische Erfahrung lehrt das metaphysische Empfinden: das metaphysische Empfinden ermöglicht die metaphysische Erfahrung, die sich aus einem Bezug zu konkreten Phänomenen ergibt. Diese Erfahrung kann nicht in Relation gesetzt werden zu anderen derartigen Erfahrungen und kann einem Dritten nicht zugänglich gemacht werden. Das zu Erfahrene entzieht sich der Erkenntnis und bleibt als Gegenstand einer Ahnung zurück, die »Erfahrung« wird zur Stimmung, die ihren Ausgang in jener Ahnung nimmt. Was metaphysische Erfahrung genannt wird, ist in der Sache metaphysisches Empfinden. Das metaphysische Empfinden hat weder ein konkretes Objekt zur Bedingung noch einen Anstoß aus einem konkreten Anlass; es begleitet die Wahrnehmung, das Erleben, das In-der-Welt-Sein im Ganzen und ist auf Aktualisierung nicht notwendig angewiesen. Es kann bestehen als ein Schweifen der Gedanken, als Sinnieren, als gegenstandslose Subjektivität.

259

Adorno unterscheidet nicht immer zwischen einer Metaphysik als Welterklärung und einer metaphysischen Erfahrung oder einem metaphysischen Empfinden. Er kennt und schätzt den Begriff der »metaphysischen Erfahrung«, hält ihn für notwendig gar; die fehlende Unterscheidung führt aber zu einem Übergewicht der Philosophie als Erklärung der Welt im Ganzen, die einem Verständnis eines metaphysischen Sinnes im Wege zu stehen scheint. So lässt er die »Negative Dialektik« enden mit dem Hinweis auf ein Denken, das »solidarisch ist mit Metaphysik im Augenblick ihres Sturzes«. Die Möglichkeit metaphysischer Erfahrung oder Empfindens kann damit nicht gemeint sein. Sie überlebt in anderem Verständnis.

260

Habermas schlägt sich auf die Seite der Vernunft. Aber er beschneidet ihr gleichsam die Flügel: die Metaphysik, die Fantasie, den Ausgriff, die Transzendenz. Was ihr dann fehlt, wird durch Elemente aus dem Naturalismus, Pragmatismus ersetzt. Es wird das »nachmetaphysische Denken« eingeführt, das auf Verfahrensrationalität, auf das Gewicht der Verfassung und das Recht setzt und mit der »linguistischen Wende« auf die Bedeutung von Ausdrucksweisen verweist, mit denen gewisse philosophische Erkenntnisse oder doch Methoden einhergehen sollen. Normative Forderungen, wie etwa die nach Gleichheit und Emanzipation, treten ganz in den Hintergrund; die Moral, verstanden als Ensemble individueller und gesellschaftlicher Orientierungen, verliert an Gewicht und Beachtung. So entsteht eine im Grunde kalte Theorie, die nur noch einen schwachen Sinn hat für das, was menschliche Bedürfnisse, konkrete, gelebte gesellschaftliche Verhältnisse, Möglichkeiten und Hemmnisse der Entfaltung sind. Subjektivität, immer auch mit einem Impuls nach Transzendenz verbunden, wird abgeschwächt; die Transzendenz wird auf eine »Transzendenz ins Diesseits« verwiesen, wie sie im kommunikativen Handeln enthalten sei. Philosophie wird aus konkreten Lebensbezügen herausgelöst und so zu einem Experten vorbehaltenen Spezialwissen erklärt. Damit einher geht die Annahme, dass die Philosophie, da sie nicht mehr im Besitz einer Theorie des richtigen Lebens im Ganzen sei, zu einem solchen auch nicht mehr anleiten könne. Mit den großen Systemen der Welterklärung ist für ihn auch die Metaphysik im Ganzen gegangen. Denjenigen Denkern, die einen philosophischen Eigensinn festhalten wollen und die Möglichkeit einer an ihn geknüpften Kritik, hält Habermas eine »Wendung ins Irrationale« vor. Einem solchen Gang ordnet er auch wegen dessen Negativer Dialektik Adorno zu, seinem Lehrer.

261

Wer von »nachmetaphysischem Denken« redet, darin eine zentrale Bestimmung der Moderne sehen will, neigt dazu, im geschichtlichen Gang eine »Genealogie« hin zu solchem Denken zu sehen. Beginnend bei den Vorsokratikern, über die Philosophie Platons, über das Mittelalter, die Philosophie des Geistes gelangt er zum Materialismus und zur Lebensphilosophie und lässt die Entwicklung vorderhand enden in einer Philosophie der Vernunft und der Sprache und im kommunikativen Handeln. Die Metaphysik wird abgetan, für überwunden oder für aufgelöst erklärt.

262

Woher aber kommt die Entschiedenheit, mit der gesagt wird, dass das Nachdenken über die Welt und das Leben nur noch als »nachmetaphysisches Denken« möglich sei und dass wir notwendig in einem nachmetaphysischen Zeitalter zu leben hätten? Genügt es, auf die »Verwissenschaftlichung« oder die Entzauberung der Welt zu verweisen oder dergleichen? Die Wissenschaft als solche kann nicht Gegner sein zur Metaphysik, solange die Wissenschaft bei der Wissenschaft bleibt und die Metaphysik sich davor in Acht nimmt, ihr nicht zukommende wissenschaftliche Behauptungen aufzustellen. Die Entzauberung der Welt hat wohl dazu geführt, dass Aberglauben, Götzendienst und Magie kein Gewicht mehr haben – dass sie das objektive Bedürfnis nach jenen Fragen dadurch geschwächt hätte, weil sie Antworten gefunden hätte, lässt sich nicht einsichtig machen. Die moderne Welt hat die »großen Fragen« um nichts einer Lösung oder Antwort nähergebracht, wenn man den Umstand, dass diese Fragen nicht oder nur selten mehr mit existenzieller Wucht gestellt werden, nicht als Lösung gelten lassen will.

263

Bei Habermas gibt es einen metaphysischen Sinn nicht: er verurteilt die Metaphysik im Ganzen und ohne Unterscheidung. Die implizite Leugnung des metaphysischen Empfindens verweist den Menschen auf technische Rationalität, Verfassung und Linguistik, ohne Unruhe, Besinnung und Transzendenz. Verfahrensrationalität aber leistet am zuverlässigsten der Algorithmus, die Maschine, die Künstliche Intelligenz. Aufgabe der Philosophie ist heute nicht deren Lob oder Förderung: sie sind ohnehin schon da. Wenn der Philosophie heute eine Bedeutung zukommt, dann die: Kritik, normative Besinnung und Erinnerung an das

Menschliche und an all das, was in solcher Rationalität nicht aufgeht.

Vielleicht hat die Moderne mit Wissenschaft und Technik mit einer gewissen inneren Logik zum weitgehenden Ausfall der Metaphysik geführt; gewiss ist, dass der moderne Kapitalismus diesen Ausfall der Transzendenz schätzt, ihn nutzt und fördert.

264

Es gibt sprachliche Gebilde und Begriffe, die zwischen Beschreibung der Realität und der Idealität oszillieren und sich mal auf die eine, mal auf die andere Seite schlagen. Die Gefahr dabei ist, dass die Sorge der begrifflichen Stimmigkeit gilt und die Fragen nach den konkreten Bedingungen, unter denen sie Realität gewinnen könnten, in den Hintergrund treten. Die »kommunikative Vernunft« ist mit einem gewissen Maß an Ungleichheit unvereinbar. Wird sie ernst genommen, muss sie einhergehen mit einer radikalen Analyse der Verhältnisse, der Machtstrukturen und Einflussformen. Nur dann, wenn die Idee gelegentlich die Realität ersetzt oder die Realität ganz unbeachtet bleibt, kann man sich mit Begriffen und griffigen Bezeichnungen begnügen. Die Darstellung muss dann sich in einer gewissen Ambivalenz halten: sie lässt im Unklaren, ob Behauptungen, Beschreibungen der Wirklichkeit sein sollen oder ob es bei ihnen sich nur um Normen oder idealtypische Vorstellungen handelt, wie die »kommunikative Vernunft« eine ist. Diese Normen sind hinreichend unabhängig von der Realität, um von ihr nicht angekränkelt zu werden.

265

Auch Habermas übersieht nicht, dass die Vernunft, auf sich allein gestellt, unvernünftig ist und verkümmern würde ohne den Gedanken einer Transzendenz. Doch geht diese Transzendenz für ihn nicht auf die Frage hin, was metaphysisches Denken heute sein könnte. Er nimmt vielmehr als Bezugspunkt die Religiosität – dies jedoch nur unter einem zweifachen Vorbehalt. Nur solange sich dieses Bewusstsein als eine gegenwärtige Gestalt des Geistes behaupten kann, soll es vom nachmetaphysischen Denken ernst genommen werden und nur so lange, wie »die religiöse Sprache inspirierende, ja unaufgebbare semantische Gehalte mit sich führt, die sich der Ausdruckskraft einer philosophischen Sprache (vorerst?) entziehen und der Übersetzung in begründende Diskurse noch harren« (Nachmetaphysisches Denken: Philos. Aufsätze / Jürgen Habermas, 2. Aufl., 1988, S. 60). Eine solche Betrachtungsweise kann weder dem gerecht werden, was Metaphysik noch dem, was Religion meinen und meinen können. Die Relativierung in Wirkung und Zeit nimmt dem Religiösen seinen Ernst und sein Gewicht. Von Metaphysik als Bereicherung des Denkens oder doch als Ausgleich zu der modernen Vernunft zu reden muss freilich einem Autor schwerfallen, der das »nachmetaphysische Denken« zum Zentralgestirn seines Denkens gemacht hat.

266

Der moderne Kapitalismus, an dessen Unersetzbarkeit Habermas unentwegt festhält, mag eine Theorie, die von Vernunft und Verfassung viel, von Metaphysik und Transzendenz eher wenig hält, durchaus geschätzt und gefördert haben; die gegenwärtige Form des digitalen Hyperkapitalismus hat kein Verhältnis zu ihr – sie kann es nicht haben: was sollen dem System der Digital Humanities, der sozialen Netzwerke und digitalen Medien Begriffe wie »Raum der Gründe«, »kommunikative Vernunft«, »deliberative« Öffentlichkeit, »linguistische Wende« und dergleichen bedeuten? Die Antwort ist einfach: nichts. Was normative Begrifflichkeit sein sollte, taugt heute nicht einmal mehr als Appell. Die Vernunft als Begriff einer Einheit hat sich aufgelöst und ist, wo nötig, eingesickert in Projekte, Abläufe und Interessen. Die »Öffentlichkeit«, die Rückgrat der liberalen Demokratie sein sollte, ist in ihrer Höhe des Begriffs, ihrer Wirkung und Präsenz so geschwächt, dass sie sich in den gegebenen Verhältnissen nur wiederfinden könnte, wenn sie allen Ernst und allen Anspruch ablegen würde, bis im Grunde an normativem Gehalt nichts mehr von ihr bliebe. So ist auch die Predigt über das »nachmetaphysische Denken« an ihr »Amen« gelangt.

Habermas ist ratlos; die Gesellschaft ist es auch. Soll man alle Mühe um gesellschaftliche Orientierung und emanzipatorischen Einfluss aufgeben und nur die Neugierde sich darauf richten lassen, wohin der freie Lauf der Kräfte führen wird? Kann Philosophie mehr noch sein als eine Lehrerin der Geschichte des Denkens? Aber was sollte sich daran lehren lassen in einer und für eine Welt, die ganz anderen Normen folgt? Oder soll man die Menschen sich selbst überlassen? In einem System der Einflussnahme, der Manipulation und der zunehmenden »alternativlosen« Totalisierung wäre das gleichbedeutend damit, jeden Gedanken an Emanzipation, Autonomie, an Herausbildung des Menschen auf eine Entfaltung hin fahren zu lassen und sich ohne Vorstellung im Übrigen auf die Sicherung – nicht des würdigen Lebens, sondern des reinen Überlebens zu beschränken.

Von möglicher Schönheit

267

Metaphysisches Empfinden schafft eine Stimmung, die als geteilte Einstellung zur Besinnung auf das menschliche Maß, das Angemessene und Notwendige anhält. Die Wissenschaft als Wissenschaft kann keine solche Einstellung schaffen. Es braucht für sie Besinnung, Gespräch, Verständnis, Gemeinsamkeit. Nur solches Verständnis kann die Fremdheit unter den Menschen aufheben und Solidarität begründen.

268

Metaphysisches Empfinden als Verweilen in den Fragen, in der Frag-Würdigkeit, kann eine Gemeinsamkeit insoweit erreichen, als dieses Fragen auf allen gemeinsame Gegenstände gerichtet sein kann. Das Wissen darum, dass die Fragen gemeinsame Anliegen sind, kann eine Verbundenheit unter Menschen begründen. Kollektiven Einheiten eine metaphysische Qualität zu verleihen, die ihnen eine vermeintliche Überlegenheit gegenüber anderen geben könnte, ist solcher Metaphysik nicht möglich.

269

Metaphysisches Empfinden, wie es hier dargestellt ist, kann aus sich allein kein System der Moral begründen. Sehr wohl aber kann die Verbindung von Einlassung und Distanznahme eine Verbundenheit mit den Dingen und unter den Menschen begründen oder doch begünstigen. Unvereinbar mit der Möglichkeit solcher Verbundenheit und ihren Voraussetzungen ist eine grenzenlose Ungleichheit, die viele in andere Erwägungen und Empfindungen überlagernde Alltagssorgen drängt.

270

Der metaphysische Sinn, in jedem wohnend, ist ein Element der Verbindung. Seinen Ausdruck findet er in kollektiven Formen, im Gemeinschaftlichen, in der Wahrnehmung der anderen. Er entspricht gewissen Elementen dessen, was die Idee des Sozialismus hervorgebracht hat: ein geteiltes Staunen vor der »Ungeheuerlichkeit« der Welt und des Lebens als Impuls zu einer gemeinsamen Gestaltung und zum wechselseitigen Verständnis. Ohne eine solche Besinnung wird es keine menschengeneigte Zukunft geben.

271

Die Metaphysik hat – wenn überhaupt – weniger das »Sein« vergessen, als das »Leben« als Suche nach Verständnis im Leben und des Lebens als »Weisheit«.

272

Gerade wenn die objektiven Notwendigkeiten mit solcher Wucht auftreten, wie es derzeit der Fall ist, ist an der Subjektivität festzuhalten. Auch derjenige, der zur Betonung der Verfahrensrationalität und zum funktionalen Verständnis neigt, muss in der Lage, wie sie heute gegeben ist, zum Verteidiger der Subjektivität werden und versuchen, gegenüber dem Druck der behaupteten objektiven Notwendigkeit das zu retten, was an Bewusstsein, Selbstbewusstsein und Gestaltungswillen bleiben muss. Unhaltbar ist die Behauptung, der Erhalt der Erde und des Lebens auf ihr sei nur möglich um den Preis, dass der Mensch den Gedanken nach dem, was ihn ausmacht – Bewusstsein als Besinnungsgrund auf das Menschliche, Subjektivität, Fähigkeit zur individuellen und kollektiven Moral –, fallen lässt. Der Mensch, der angesichts der objektiv gegebenen Bedrohungen den Anspruch aufgibt auf eine solche Subjektivität, würde sich nicht nur im Ergebnis objektiven Naturgesetzen fügen, sondern auch der Anwendung und Auslegung solcher Gesetze durch Institutionen und Konglomerate, die mit der vorgegebenen Sorge um das allgemeine Wohl die Wahrung massiver eigener Interessen verbinden.

Technische Möglichkeiten und Gegebenheiten können nicht Geltungsgrund ihrer eigenen Existenz sein. Schilderungen von möglichem technischem Horror der Zukunft können nicht mit dem Hinweis abgetan werden, so sei es eben, so wird es eben und dagegen sei nichts zu machen. Derlei Aussagen verneinen den menschlichen Willen und die mögliche kollektive Gestaltungskraft ganz.

273

Es ist das Gedächtnis, das die Subjektivität verbürgt; wird es schwach, verliert sie sich zum Allgemeinen, Formlosen hin.

Es ist die Liebe und es ist die Freundschaft, die gegen einen solchen Verlust stehen.

274

Die Trennung von Liebe, Freundschaft als vom Gefühl getragen und Ökonomie, Staat als von der Vernunft getragen ist fragwürdig. Es ist gerade das Übergreifen vom einen ins andere, die zur Vorstellung einer »menschlichen« Wirtschaft, eines wohlwollenden Staates, zu einem Mehr als Vernunft führen kann. Die beiden Sphären beeinflussen sich wechselseitig. Liebe und Freundschaft werden in ihren Voraussetzungen und in ihrem Bestand wesentlich beeinflusst von der Erziehung als einer staatlichen Aufgabe; das Arbeitsleben ist sehr wohl angewiesen auf Ausdruck von Gefühl und wechselseitiges Verständnis.

275

Das metaphysische Empfinden kann nicht anders als ein solches beim Anderen vorauszusetzen. Es ist auf Gespräch, Mitempfinden, Verständnis, Gemeinsamkeit angelegt.

276

Nicht eignet sich metaphysisches Empfinden dafür, es als Auszeichnung zu nehmen, als Eigenschaft, die nur besonders empfindsamen Menschen zustehen könnte. Wenn metaphysisches Empfinden eine Naturanlage des Menschen ist, kommen die mit ihr verbundenen

Möglichkeiten und Eigenschaften im Grunde und im Anspruch allen zu.

277

Das metaphysische Empfinden ist nicht denkbar ohne einen Bezug zur Natur. Es sind nicht nur Erwägungen der materiellen Nützlichkeit oder Notwendigkeit, die zur Einlassung auf die Natur, zum behutsamen, gleichsam solidarischen Umgang mit ihr anhalten. Es ist viel eher die Einsicht, dass Mensch und Natur in einer Verbindung stehen, die ihre Kraft aus dem Bewusstsein der Unergründlichkeit und der Schönheit und gleichzeitig der Größe der Menschen und Dinge bezieht.

278

Ein Verhältnis zur Natur, das von einem metaphysischen Empfinden bestimmt ist, kann nicht anders als von Behutsamkeit, nicht auf Nutzung, sondern auf Achtung und Beachtung gerichtete Wahrnehmung bestimmt sein. Die tiefsten Gründe dessen, was wir »Natur« nennen, sind verborgen; der Mensch ist Teil der Natur. Indem er sie achtet, achtet er sich selbst. Als handelnder Arm steht er in der Pflicht, ihr Fürsprecher zu sein. Ein nur instrumentelles Verhältnis zur Natur kann keine Achtung der Natur begründen. Die Ehrfurcht, zu der die Natur anhält, ist begründet in einem Nicht-Wissen: Biologie, Biochemie, Genetik mögen Kausalketten und Beschreibungen liefern; den Grund und die Gründe berühren sie nicht.

279

Es gibt für niemanden ein Recht auf Zerstörung des Menschen: es gibt kein Recht auf Zerstörung der Welt.

280

Ökologie ist Sorge um die Basis des Lebens, sie ist notwendig. Aber: sie vermittelt keinen Sinn, sie ist keine Sinn-Instanz. Bei ihr als Forderung stehenzubleiben, würde bedeuten: wir leben, um des Lebens willen. Dieser Tautologie lässt sich nur entkommen, wenn die Ökologie mit einem gesellschaftlichen Gestaltungsanspruch und einer Nachdenklichkeit zum Leben verbunden ist.

281

Aus der Unergründlichkeit leitet sich die (Auf-)Forderung nach einem radikal verstandenen Natur- und Umweltverhältnis ab: die empfundene Schönheit der Welt und des Lebens, die Erhabenheit, die aus Naturerscheinungen spricht, die Ergriffenheit, die sie erzeugen können, zwingen zu einem radikalen Umdenken: keine Ausbeutung der Natur (die immer auch mit Ausbeutung der Menschen einhergeht), sondern Bewahrung und Ehrfurcht vor dem Ungeheuerlichen, Unerklärlichen im Ganzen, das die Natur darstellt.

282

Digitalisierung, Internet, neue Medien verlangen neben der technischen Beherrschung eine Einstellung, eine *tournure d'esprit* ihnen gegenüber, die in der Folge die Wahrnehmungs- und Verständnisweisen insgesamt beeinflusst. Entscheidend ist, dass trotz allem ein Bewusstsein bleibt, eine Fähigkeit zur Kritik und Besinnung, die verhindert, dass zum bestimmenden Faktor nicht der Mensch, sondern jene Einrichtungen werden.

283

Es kann wohl annäherungsweise einen »Blick von nirgendwo«, Ideal der Philosophie, geben, eine Betrachtung jedenfalls der Welt und des eigenen Lebens von »außerhalb«, eine souveräne Betrachtung des Alltagslebens und seiner Formen aus der »Natur« heraus. Im Grunde taugt die Natur für eine solche Distanzierung nicht. Verlangt ist viel eher die Einlassung in die Natur und eine Betrachtung, in der sich Innigkeit und Distanz verbinden. Solche Einlassung aber führt zu einem Interesse auch an der Welt und am Leben in ihr zurück.

284

Man muss Metaphysik nicht als Notwendigkeit verstehen, als konstitutive Voraussetzung für das Denken, sondern als Freude an der »Erkenntnis«, die über Erkenntnis hinausgeht.

285

Auf die Frage, was noch bleibt, worauf sich hoffen lässt, ist die Antwort meist ausweichend und geht zunehmend unter die Erde: man müsse das tun, »was das Bergwerkssprichwort einem verbietet: dass man nämlich als ein Bergmann ohne Licht, also ohne dass man bereits durch den Oberbegriff der Negation der Negation des Positiven mächtig wäre, durch das Dunkel sich hindurch arbeitet und in das Dunkle so tief sich versenkt, wie man es eben nur vermag« (Adorno, Metaphysik, Vorlesungen 1965, 1. Aufl. 1998, S. 226), oder: »Der Maulwurf der Vernunft ist nur in dem Sinne blind, dass er den Widerstand eines ungelösten Problems erkennt, ohne zu wissen, ob es eine Lösung geben wird. Dabei ist er hartnäckig genug, um sich trotzdem in seinen Gängen weiter voran zu buddeln. Diese Gesinnung hat uns Kant, gleichzeitig mit seinen Einsichten, eingeprägt – ja, seine Philosophie besteht darin, für diese Gesinnung gute Gründe zu sammeln. Und ist das nicht das Großartigste an seiner großartig aufklärenden Philosophie?« (Habermas, in: Normative Ordnungen, 2021, S. 41).

286

Was bedeutet die – wenn auch schwache – Hoffnung (auf Wahrheit, auf Fortleben, auf Moral), der minimale Spalt zwischen Sein und Nichts? Moral ist insgesamt möglich; Wahrheit bleibt als Element der Suche, des Strebens; zum Fortleben ist eine Aussage, auch eine begründete Hoffnung, nicht möglich.

287

Die Fragen, die mit dem metaphysischen Empfinden einhergehen, sollen frei machen, suchen nicht nach einem Blick in den Abgrund. Sie suchen auch nicht zu erkunden, wie es in der Hölle, im Himmel oder im Nichts zugeht; sie gehen auch nicht auf das, was »noch nicht« erkannt ist. Sie gehen vielmehr mit dem Bewusstsein einher, dass es keine Antwort und keine Erkenntnis geben wird. Es ist das Bewusstsein des bleibenden Geheimnisses, der Fragwürdigkeit, der Unergründlichkeit. Es ist diese Unergründlichkeit, die durch keine wissenschaftliche Erkenntnis verkleinert wird, auf der das metaphysische Empfinden beruht. Es ist diese Unergründlichkeit, die das Leben der Menschen bestimmt, weil sie dessen wesentlicher Teil ist. In nicht geringerem Maß als die Wissenschaft mit der Vermittlung sicheren Halts im Wissen, kann die Erschütterung, die von der Unergründlichkeit ausgeht, einen Menschen berühren und in seinem Weltverhältnis bestimmen.

Nichts anderes wohl als solches Empfinden, geübt als Weise der Wahrnehmung, kann den Sinn offenhalten für Geheimnis, Rätsel, Schicksal, für Schönheit, Festliches und Feierliches, für Heiliges vielleicht, für Verbindendes und Verpflichtendes, für Transzendenz.

288

Metaphysik ist weniger eine Weise des Denkens als des Lebens.

289

Die Fähigkeit zum Denken, zur Besinnung, darf nicht als Privileg des »Denkers« verstanden werden; sie ist eine Fähigkeit, die möglichst vielen, dem Anspruch nach möglichst allen zukommt.

290

Metaphysik will ein Leben, es denkend, zur Einheit bringen, fragt nach dem Sinn und bleibt die Antwort schuldig. Es ist die Weisheit, die es erlaubt, mit solchem Schweben, solchem vergeblichen Warten umzugehen und aus dem, was als Mangel erscheinen könnte, eine Bestätigung des zutiefst Menschlichen, seiner Größe, seiner Großartigkeit abzuleiten.

291

Nur durch und mit Weisheit lassen sich Unergründlichkeit und Alltagswelt verbinden. Mit ihrer Einlassung ins Ungeordnete setzt sie sich gegen eine Philosophie, die sich bestimmt durch Ordnung, System, Vernunft und Rationalität.

292

Weisheit ist die Verbindung einer bewussten Wahrnehmung der Welt mit den Erwägungen, die das metaphysische Empfinden vermitteln kann.

293

Von Weisheit ist wenig mehr die Rede. Mancher unter den Philosophen würde es entweder als Kränkung oder als Übertreibung empfinden, würde man ihn als einen Weisen bezeichnen. Weisheit verträgt sich nur schwer mit einem technisch-instrumentellen Verständnis der Welt und gar nicht mit einer Betrachtung, die aus Rationalität und »Wissenschaft« philosophische Erkenntnisse ableiten will. So wenig aber wie die Weisheit an der Zeit ist, so offensichtlich ist das Bedürfnis nach ihr. Die Weisheit erlaubt, Zusammenhänge und Synthesen zu sehen, Handlungen oder Auffassungen zu gewichten oder zu korrigieren, weite sachliche und zeitliche Spannen zu überschauen, Normen nach ihrem Geltungsgrund zu befragen und in allen die Betrachtung des Lebens, die Lebenserfahrung, gelten zu lassen. Weisheit lehrt weniger Wissen in abstracto als Umgang mit dem Leben in concreto.

294

Gegen die Weisheit können Bedenken stehen. Die Weisheit kann aus ihrer Fähigkeit zum Überlegen leicht eine angemaßte Überlegenheit ableiten, eine Souveränität, für die es keine Gründe gibt; so kann eine Distanz entstehen, die sie trennt von denen, die nach ihr suchen. Sie kann ungeprüfte Normen und Urteile verwenden und als verbindlich behaupten. Leicht neigt der Weise, wenn er ein gewisses Alter erreicht hat, zum Negativen und zur Lebensmüdigkeit. Die je geäußerte Weisheit bedarf der Prüfung durch Weisheit.

295

Die Weisheit ist stets in Gefahr, Trost spenden zu wollen und dabei gegebene Widersprüche, Zweifel und Nöte abschleifen zu wollen. Die Weisheit muss solcher Versuchung widerstehen. Sie muss ihre Aufgabe darin sehen, die Dinge über sich hinaus zu treiben, an die Transzendenz zu erinnern, die das Leben ausmacht und trägt.

296

Die Weisheit muss sich lernfähig halten und einen freundlichen Umgang mit Irrtum und dessen Eingeständnis pflegen. Ein Philosoph etwa, der sich der Frage nicht stellt, ob eine von ihm befürwortete Ablehnung jeder Metaphysik beitragen könnte zu einer Ratlosigkeit in der Gesellschaft, kann nicht als Weiser gelten, wenn er auf seinen Begriffen beharrt, ohne sich deren Ungenügen einzugestehen.

297

Weisheit ist keine Einstellung des Geistes. Sie wird wohl von der Subjektivität getragen; sie bildet sich aber erst aus der Einlassung in die Welt und aus der Verarbeitung der Weltdinge.

298

Ob und welche Weisheit Anerkennung und Beachtung findet, hängt von den jeweiligen gesellschaftlichen Verhältnissen ab. Eine instrumentell-materialistisch bestimmte Gesellschaft hat wenig Sinn für sie und hält sie für überflüssig oder gar inexistent. In dem Maße, in dem die Künstliche Intelligenz sich breitmacht, wird sie zu einem bestimmenden Faktor, der auch die Weise des Denkens und des Verständnisses der Welt beeinflussen wird. Die Weisheit hätte darin keinen Platz. Eine Gesellschaft, die bestimmt wäre durch wechselseitiges Wohlwollen, geübte Solidarität, gelebtes Verständnis von Transzendenz würde ihr vielfältig Raum lassen.

299

Philosophie, wohlwollend gesagt, ist ein Weg aus der Erfahrung des Lebens zum Denken; Weisheit nimmt den gleichen Weg und nimmt dann – vielleicht durch das Denken belehrt – den Rückweg zurück zum Leben.

300

Es ist die Weisheit, die Orientierung erlaubt, die das Wissen nicht verachtet und doch es in Grenzen hält, die Transzendenz, Welt und Metaphysik verbindet. Es ist die Weisheit, die das Ernstnehmen der Dinge mit spielerischer Leichtigkeit verbinden kann.

301

Könnte »Weisheit«, noch vor der Philosophie angesetzt, bestimmt durch einen Begriff von der Tiefe des Lebens, von Schicksal, Zufall und Leid, von Vergänglichkeit und Erinnerung, von der Ungeheuerlichkeit und Großartigkeit in einem, von Einlassung und Verweilen, von Werden und Vergehen, durch Rätsel, Geheimnis, durch eine Ahnung des Unverfügbaren, eines »Göttlichen« in Menschen und Dingen – könnte eine solche »Weisheit« einer bloßen ratlos gewordenen Vernunft gestaltende, orientierende Kraft verleihen? Zu weit vergangen aber, zu weit entfernt sind solche Verständnisweisen, als dass sie im unmittelbaren Verhältnis sich der Vernunft einfügen ließen, und Zeiten leicht zu überspringen vermögen nur die Dichter; es bleibt aber, dass die Erinnerung an jene »Weisheit« dazu helfen könnte, dass dem Verständnis nicht abhandenkommt, was das Weltverhältnis wesentlich ausmacht: Ergriffenheit, Transzendenz, metaphysisches Empfinden, Schönheit und der Sinn für sie.

302

Die Weisheit entzieht sich dem instrumentellen Zugriff, geht nicht auf Eindeutigkeit und Berechnung hin. Sie sucht das Verständnis und die Verständigung. Sie steht der Wahrheit nahe, ohne sich mit ihr in eins zu setzen. Ein aus Erfahrung des Lebens gewonnenes Wissen geht in ihr zusammen mit einer Einsicht ins Relative der Weltdinge. Eine innere Ruhe erlaubt ihr, gleichwohl nach dem Wesen der Dinge zu fragen und die Unergründlichkeit als Ausweis der Größe im Menschen zu sehen. Zur Weisheit gehört die Fähigkeit, den metaphysischen Fragen ihre Frag-Würdigkeit zu lassen, den »metaphysischen Hof«, wo er ist, nicht zu übersehen, ebenso nicht den metaphysischen Schleier, der häufig mit den Begriffen, die sich rein wissenschaftlich geben, verbunden sein kann. Nur die Verbindung all dieser Elemente kann Aussagen, die aufs Ganze des Lebens gehen, erlauben. Metaphysisches Empfinden verlangt nach Einlassung und Distanz zugleich. Es will die Wahrnehmung sanft ordnen und so die Vielheit zur (ephemeren) Einheit bringen. Sie liebt die Wahrheit und schreckt doch zurück vor ihrer Behauptung im Ton der Gewissheit.

303

Weisheit ist es, was eine menschliche Gesellschaft bräuchte, braucht.

304

Es ist möglich, weise – oder doch darum bemüht – zu sein, ohne ein Weiser zu sein.

305

Wer lange in Gedanken verweilt, achtet darauf, dass dem Tiefen das Leichte nicht fehlt.

306

Aus »Weisheit« lässt sich eine »Weisheitslehre als Wissenschaft« (Kant) wohl nicht ableiten. Wenn es die Aufgabe der Weisheit sein soll, das zu sammeln, was über den Bereich der Wissenschaft jeweils hinausgeht, wenn sie gerade in den Fragen der kleinen Metaphysik ihren Bereich hat, kann ihr nicht daran gelegen sein, in ihren Ergebnissen greifbar, wiederholbar, verwertbar zu werden. Nicht nach wissenschaftlichen Sätzen strebt sie, sondern danach, Raum zu schaffen für jene Nachdenklichkeit, jenes Verweilen in den Fragen, das Distanz zu den Dingen und Einlassung sogleich erlaubt und – gerade auch mit ihren metaphysischen Elementen – dafür Sorge trägt, dass nicht allein instrumentelle Vernunft oder Maschinenlogik das Verständnis der Welt und das Handeln in ihr bestimmen. Auch wenn der moderne Kapitalismus kein fruchtbarer Boden ist und kein Klima abgibt, wie es dem Entstehen von Weisheit günstig wäre, zwingt doch die Bedeutung der Weisheit dazu, an ihr festzuhalten und an der Hoffnung, dass sie bleibt.

Durchgang und Schluss

307

An die Metaphysik als Inbegriff all dessen, was von keinem rationalen Wissen erreicht werden kann und doch als Raum der Fragen immer bleibt, lassen sich, grob gesagt, drei Ableitungen knüpfen:

- die Metaphysik der großen Systeme, der Welterklärungen nach Begriffen und Regeln

- die Religion, die durch den Glauben eine Annäherung sucht an das, was sich konkreter Erkenntnis und positivem Verständnis entzieht

- das bisweilen schwebende, bisweilen bohrende Nachdenken über die Fragen der Metaphysik, das Verweilen in ihnen, das metaphysische Empfinden in der Alltagswelt.

Die großen Welterklärungen und metaphysischen Systeme finden wenig mehr Anklang, ins Metaphysische gehende Vorstellungen von einem Endziel, etwa einem »Reich der Freiheit«, haben ebenso ihre Bedeutung verloren wie die Behauptung eines Urgrundes, von dem aus aller geschichtlicher Prozess, alle Erscheinungen in der Welt sich ableiten ließen. Wo noch Reste aufs Ganze gehender Ideologien übriggeblieben sind, stützen sie sich gerade nicht auf ideologische Überzeugungen und theoretische Ableitungen, sondern viel eher auf Organisiertheit und Gehorsam. Die Religion, getragen vom Glauben, verliert als Träger metaphysischer Gehalte zunehmend an Bedeutung und Kraft. Sie ist nicht mehr in der Lage, für die Gesellschaft als Ganzes aus dem Glauben verbindliche Vorgaben abzuleiten. Es bleibt nur jenes Verweilen im Denken, die durchgehaltene Nachdenklichkeit und Besinnung, das metaphysische Empfinden, das einen Begriff vom Reichtum und von der Schönheit der Welt und des Lebens tragen kann, von einem Anspruch auf Würde, von der Größe des Menschen. Nur solches Bedenken und Empfinden könnte heute noch eine Besinnung auf das Gemeinsame, auf eine Moral, möglich erscheinen lassen, ein Bewusstsein davon, Mensch unter Menschen zu sein.

308

Es kann nicht um die Darstellung eines in sich geschlossenen Systems gehen, auch nicht um die Behauptung eines solchen. Es geht nicht um wissenschaftliche Erkenntnisse zur Welt im Ganzen. Es geht um die Annäherung an die Frage, wie in den gegebenen Verhältnissen ein Leben geführt werden kann und gleichzeitig: wie Einfluss genommen werden kann auf diese Verhältnisse. Diese Fragen, radikal und behutsam gestellt, führen durchweg zu mittleren Positionen: zwischen Materialismus/Naturalismus einerseits und Spiritualismus/Idealismus andererseits, zwischen Einheit und Einzelheit, zwischen Vernunft im Konkreten und Transzendenz, zwischen Absolutheit und Relativität, zwischen Freiheit und Bindung, zwischen Resignation oder Verzweiflung und oberflächlichen Optimismus, zwischen Endlichkeit und Unendlichkeit, zwischen dem Säkularen und dem, was es übersteigt, zwischen Einlassung und Distanznahme.

309

Metaphysik ist geeignet, der Auflösung und Totalisierung in der Welt entgegenzuwirken. Es sind drei Voraussetzungen, die an sie zu stellen sind:

- Die Metaphysik kann nicht mehr ansetzen an großen Systemen der Welt, an als objektiv gegebenen Tatsachen oder Annahmen der Außenwelt. Sie muss sich dem Subjekt zuordnen lassen, dessen metaphysischer Erfahrung, Empfindung und dessen Sinn.

- Metaphysische Aussagen benötigen schwache Begriffe, die mit keiner behaupteten Festigkeit und Bestimmtheit verbunden sind, vielmehr erkennen lassen, dass sie in sich vorläufig, brüchig oder tastend sind, wie etwa »ephemere Einheit« oder »relative Absolutheit«.

- Sie muss Platz lassen für das, was hier »kleine Metaphysik« genannt wird, für eine Einlassung auf Fragen, die das Alltagsleben stellt und auf die sich mit Erfahrung und Wissen allein nicht eingehen lässt.

310

Für das Streben nach Absolutheit, das dem Leben Eigensinn und Würde verleihen kann, ist die Einbettung dieser Absolutheit in eine konkrete Welt keine

Schwächung. Sie verbindet sich in den Fragen, wie weit sie im Konkreten gehen kann oder muss, mit der Moral und erhält gerade so – als selbstgesetzte, relative Absolutheit – ihren wirksamen Ausdruck.

Ähnlich verhält es sich mit der Einheit. Sie muss im Grundsatz als ephemere Einheit verstanden werden, als Einheit, die sich immer neu begründen und konstituieren muss und die sich ihrer Fragilität bewusst ist.

Das, was mit »relativer Absolutheit« und »ephemerer Einheit« gesagt ist, muss dem genügen, der aus tiefstem inneren Bedürfnis nach dem »Absoluten« fragt und nach der letzten, allumfassenden Einheit sucht. Darüber hinaus führen kein Verständnis und keine Erkenntnis. Entscheidend ist, dass Begriffe wie Absolutheit und Einheit im Ganzen nicht aufgegeben werden und dass nicht Beliebigkeit, Auflösung und Vereinzelung an ihre Stelle treten.

311

Denkfiguren, meist in Verhältnisse gesetzt (wie Einheit/Vielheit oder Erscheinung/Idee oder Identität/Nicht-Identität, Allgemeines/Besonderes) bestimmen zu einem Gutteil die Geschichte der Philosophie. Dass solche Denkfiguren, zu Systemen ausgewachsen, sich veranlasst gesehen haben, als notwendigen Schlussstein ihrer Konstruktionen doch »Gott« oder einen Äquivalentbegriff einzusetzen, zeigt freilich, dass das Denken aus reiner Vernunft nicht hinreicht, das Leben im Ganzen und in seinen Gründen verständlich zu machen.

Das Bedürfnis nach Festigkeit, Stabilität ist dem nach Unveränderlichkeit, Zeitlosigkeit, Unbedingtheit verwandt. Es fällt dem Menschen schwer, sich in die Endlichkeit und das Ephemere seiner Existenz zu fügen. Und doch lässt sich die Einsicht nicht vermeiden, dass er Abstand nehmen muss von der Annahme letzter Prinzipien, letzter Gewissheiten, unbedingter Sicherheiten. Durchgehaltene Eindeutigkeit, unangreifbare Geschlossenheit des Systems, festgefügte Einheiten sind keine Leitbegriffe menschlichen Handelns, wenn nicht das Offensichtliche geleugnet werden soll.

Genügt es nicht, wenn das Denken zu einer Annäherung an das Absolute kommen kann, wenn es solche oszillierenden Annäherungen verbinden und so das Verständnis der Welt erhöhen, das Verhältnis zu ihr vertiefen kann?

312

Philosophie als Versuch einer Ordnung des Denkens steht in der Zeit: ihr gibt sie Ausdruck, in ihr und in den jeweiligen Verhältnissen entscheidet sich, was ihr jeweils wichtig erscheint, mit welchen Begriffen sie sich jeweils ausdrücken will und kann. So ist es auch mit der Metaphysik.

Eine gewichtige Meinung geht dahin, dass die Metaphysik heute in vagen Resten bleiben könne, dass aber seit Kant nur noch nicht-metaphysisches, nachmetaphysisches Denken möglich sei; die Moderne solle Verzicht leisten auf das Bemühen, sich die Welt im Ganzen, den Menschen in ihr verständlich zu machen.

Sie will, was an Fragen bleibt, der Wissenschaft annähern und deren Methoden als »Verfahrensrationalität« befürworten; sich Regeln verständlich zu machen sei die bleibende philosophische Aufgabe. Der Philosophie falle die Rolle einer »Hüterin der Rationalität« zu. Dieses Verständnis der Philosophie sieht sich als zeitgemäß, nüchtern und gut, als befreiend.

Im Ergebnis teilt diese Auffassung auch der Materialismus, soweit er noch vertreten wird. Er hat in der Neuzeit Bedeutung gewonnen als Gegengewicht gegen einen übersteigerten Idealismus. Auch in der Form aber, die mit »Dialektik« die lastende Schwere des Begriffs zu vermeiden sucht und mit »dialektischen Gesetzen« der Materie Elemente der Bewegung und Spannung hinzufügen will, kann der Materialismus sich nicht den Fragen der Metaphysik öffnen; sie gilt ihm als Gegner. Freilich ist ein Kampf gegen sie, der sie ernst nimmt, der Metaphysik im Grunde förderlicher als achtlose Gleichgültigkeit.

Diesem Verständnis entgegen steht ein Ansatz, der beim Bewusstsein (und Selbstbewusstsein) seinen Ausgang nimmt. Diese philosophische Weise trifft auf den Zwiespalt, dass das Subjekt, das erkennen will, gleichzeitig sich als Objekt verstehen muss, also zu erkennender Gegenstand und bewusste, verstehende Subjektivität in einem sein soll. Bewusstsein hat die Funktion, dass es das Subjekt, den Bewusstsein suchenden Menschen, gleichsam zum Herrn macht. Bewusstsein ist Aneignung. Es ergreift die Dinge, setzt sich gegen das Erkenntnisobjekt und hat es schwer, diese Entgegensetzung abzumildern.

313

Die Oberhand in der Bezeichnung der Gegenwart hat wohl jene Auffassung, die der Metaphysik im Ganzen die Fähigkeit, zum Verständnis der Welt und des Lebens beizutragen, abspricht.

Sie hat Unrecht: sie verkennt, dass das, was die Metaphysik ausmacht, einer unabweislichen Eigenheit des Menschen entspricht, die darin besteht, dass er Fragen nach dem Grund der Dinge stellt. Von und aus Fragen kann man sich nicht dadurch befreien, dass man sie leugnet. Es bleibt nur, sich im Umgang mit ihnen zu üben, in ihnen zu verweilen und so sie ernst zu nehmen in ihren Gehalt. Wenn die Fragen bleiben, ist ihre Anerkennung geradezu eine Forderung der Vernunft. Von jenem Bedürfnis lässt sich sagen, dass es bleiben wird, denn es ist das, was wesentlich erst den Menschen als solchen bestimmt.

Was ist eine Seele? Gibt es eine Seele, ein Fünkchen eines Göttlichen im Menschen? Löscht der Tod alles aus am Menschen oder bleibt etwas? Wäre dies identisch in irgendeiner Weise mit dem, was den lebenden Menschen bezeichnet hat? Wenn die Fortsetzung des irdischen Lebens in ganz anderen Welten und Formen führen würde – wie könnte man dann noch von einer Fortsetzung einer irdischen Existenz reden? Gibt es ein höheres Wesen, mit dem die Menschen in irgendeiner Weise in Verbindung stünden? Oder ist der Mensch nur ein gleichsam biologischer Vorgang, ein Ereignis eher als eine Substanz? Wozu dann aber die ins Unendliche gehende Komplexität, wozu dann das Phänomen des Bewusstseins und des Selbstbewusstseins, bei dem jede Betrachtung das Rätselhafte nur erhöht?

Vielleicht gravierender noch als die Behandlung dieser Fragen, als seien sie nicht oder nichtig, ist ein anderer Umstand. Wird die Metaphysik in ihrer möglichen Bedeutung nicht wahrgenommen und stattdessen auf Wissenschaft, Linguistik und Soziologie verwiesen, wird nicht nur einem Irrtum in der Erkenntnis Platz gelassen; gewichtiger ist, dass mit positivem Tun so einer Entwicklung Vorschub geleistet wird, die Gefallen findet am Instrumentell-Funktionalen, am Greif- und Beherrschbaren. Verfahrensrationalität ist es, worauf die künstliche Intelligenz setzt; nur die Wissenschaft gelten zu lassen und die Berechnung ist es, was dem modernen Kapitalismus entgegenkommt. Keine über die instrumentelle Vernunft hinausgehende Normen oder Moral, kein Versuch einer Orientierung in der Welt und im Leben, keine Möglichkeit eines anderen Gangs der Geschichte, eines menschlichen Wunsches nach menschengerechter Einrichtung erhalten Unterstützung aus solcher Philosophie – im Gegenteil: Ihre Aufgabe und objektive Funktion ist es, im Nachhinein zu legitimieren, was die ökonomisch-politische Macht ohnedies durchsetzen will. Sie ist im Grunde antiemanzipatorisch und unterstützt einen Widerstandsgeist auch dann nicht, wenn die seelenlose Leere mit Händen greifbar ist. Wenn Metaphysik einer Notwendigkeit im Menschen entspricht, wenn jedes Nachdenken über das Leben zu ihren Fragen hinführt, wenn es nur gründlich ist, kann angemessen nur eine Philosophie sein, die an die Stelle einer positivistischen Bejahung die Fähigkeit setzt zu Fragen, zum Nachdenken, zum Empfinden einer letzten Unergründlichkeit und zu dem aus ihm abgeleiteten Verständnis einer Größe der Welt, einer Würde des Menschen und der Schönheit des Lebens. Metaphysisches Empfinden, nicht notwendig mit Wissen und Bewusstsein verbunden, ist nicht nur konstitutives Element jeder Subjektivität; es erlaubt auch, aus einem gewissen Gleichlauf des Empfindens ein Gemeinschaftliches herzuleiten, die Möglichkeit einer Moral.

Eine gesellschaftliche Verfassung, die einem so verstandenen metaphysischen Empfinden entspricht, hat zur Voraussetzung eine Vorstellung vom Menschen – kein Bild nur, wie er ist, sondern auch und vor allem eine Vorstellung von dem, was er nach seinen Möglichkeiten sein kann.

314

Die Fragen der Metaphysik stehen nicht losgelöst von der Gestaltung der Welt in einer Abstraktion. Sie strahlen vielmehr ab in jenen Zwischenraum, der sie von der irdischen Welt trennt. In ihm treffen sich die Fragen und Phänomene, die als der kleinen Metaphysik zugehörig bezeichnet sind, mit den kulturellen Hervorbringungen, die aus einer Transzendenz aus den irdischen hervorgehen.

315

Metaphysisches Empfinden wird durch die Philosophie der Moderne weder berührt noch negiert; es gibt es in ihr im Grunde nicht. In einer Welt des konkreten Wissens und praktischen Kalküls ist eine solche Empfindung, wenn nicht schädlich, so doch überflüssig. Tatsächlich aber bleibt es als Wirklichkeit und als Möglichkeit. Es sind die Alltagsphänomene, die auf Fragen hingehen, es sind Fragen aus Leben und Tod, aus Schicksal und Zufall, die sich nicht verdrängen lassen. Sie bleiben, weil sie Ausdruck der zutiefst menschlichen Bedingtheit sind und deshalb die Menschen in ihrem individuellen Dasein tiefer berühren als es wissenschaftliche Erkenntnisse etwa der Linguistik oder der Soziologie je könnten. Es ist die existenzielle Berührtheit in diesen Lebensdingen, die zu bleibendem radikalem Fragen zwingt, auch dort, wo eine Antwort nicht erfolgen wird. Wäre es möglich, das metaphysische Empfinden ganz zum Schweigen zu bringen, wäre es auch um die Menschheit, wie wir sie kennen, geschehen.

316

Mensch sein heißt vernünftig und metaphysisch zugleich zu sein.

317

Die Metaphysik ist die äußerste Form des Allgemeinen. Ihre Fragen – nicht ihre Bedeutung und Wirkung – hängen nicht an Zeit, Umständen, gesellschaftlichen Konstellationen, Verständnisweisen. Es ist die Unbedingtheit, die sie auszeichnet.

318

Die Bedeutung, die Metaphysik haben kann, hängt ab von den konkreten gesellschaftlichen Verhältnissen. Sie werden geprägt durch technische Entwicklung, insbesondere der Informationstechnologie und der neuen Medien. Sie haben das Leben erleichtert und gleichzeitig Abhängigkeiten geschaffen, in denen Denk- und Handlungsweisen bestimmt werden nach den eigenen Interessen derjenigen, die über Macht und Einfluss verfügen. Diese Entwicklung lässt die Menschen in einem vermeintlichen Überangebot an Mitteilungen und Dingen zurück, in dem auszuwählen und zu begrenzen als Fähigkeit nicht gelehrt wird. Die Globalisierung, spürbar in allen Bereichen, hilft bei dem Bemühen um eigene Integrität und Individualität nicht.

319

Durchgehaltene – notwendig radikale – Kritik gibt es nicht oder kaum. Das manifeste Einverständnis in den Grundfragen kann die Befürchtung oder das Gefühl einer Totalisierung in der Gesellschaft fördern, wenn deren Entwicklungsgang allein den massiven »Kräften des Marktes« überlassen wird. Sie aber wissen sich dieser Gestaltungsmacht sehr wohl und umfassend zu bedienen. Gesellschaftliche Bestimmungsgründe sollen sein das Vertrauen in das Recht und in einen Liberalismus, der wenig eingreift und wenig verlangt und der die Ungleichheit in den Lebensverhältnissen ins Maßlose steigert. Die Bedrohung aus Schädigungen der Natur und eine Bedrückung aus der behaupteten »Alternativlosigkeit« liegen wie ein Gazeschleier über der gesellschaftlichen Ordnung. Dem geistigen Klima sind jene Tendenz und die mit ihr einhergehenden Abhängigkeiten abträglich; Kritik, öffentliche Debatte, Streit und Auseinandersetzung berühren meist nicht den gesellschaftlichen Grund und verlieren sich im Nebensächlichen und in Einzelheiten. Orientierung im Leben lässt sich so nicht gewinnen.

320

Diese Erscheinungen verlangen nach einer Änderung im Verhältnis zur Welt und zur Natur. Eine Subjektivität, die als Anspruch auftritt auf ein eigenes selbstkritisches Urteil, auf eine spezifische, individuelle Aneignung der Weltdinge, ist Voraussetzung für die Möglichkeit einer Orientierung. Zu ihr gehören als Grundlage ein Begriff von Würde, von Eigen-Sinn, von Stolz und ein tragendes Gefühl, etwas zu sein und nicht vielmehr nichts, nicht ein Atom im Raum, ortlos und ohne Eigengewicht. Dazu sind Bildung, Unterrichtung, Heraus-Bildung als Förderung der möglichen Entfaltung notwendig. Ziel dabei ist die Möglichkeit eines menschlichen Umgangs, der nicht von Konkurrenz und Vorteilssuche getragen ist, sondern von einer interessenlosen Interessiertheit am Anderen wie auch an öffentlichen Angelegenheiten. Verständnis und Bedacht gelten auch für das Verhältnis zur Natur in all seinen Facetten. Es ist das Bewusstsein eines In-der-Welt-Seins in und mit der Natur und den Anderen, das der Möglichkeit zugrunde liegt eines verständigen Umgangs mit beiden. Eine empfundene Gemeinsamkeit ist der Ausgang, die Gleichheit als Norm zu nehmen und als Grund der Moral. Die Moral wird getragen weniger von einer Vernunft, die Regeln vorgibt und deren

Beachtung verlangt, als von einem geteilten metaphysischen Empfinden. Es schafft eine Verbindung unter den Menschen durch gleiche oder ähnliche Fragen, durch gleiche oder ähnliche Nachdenklichkeit, durch Behutsamkeit und wechselseitiges Wohlwollen. Ein solches Empfinden, hinreichend entfaltet und durch Verständnis gefördert, könnte ein Stück weit sehr wohl ersetzen, was die Gesellschaft aus der ihr möglichen Vernunft allein nicht herleiten kann.

321

Als eine Organisationsform möglicher Freiheit, Gemeinsamkeit und Gleichheit hat sich die Idee des »Sozialismus« herausgebildet. In ihr waren Elemente des Humanismus, der Aufklärung, der Französischen Revolution und des Republikanismus, auch religiöse Überzeugungen, verbunden. Ihr Ziel sollte es sein, die Menschen vor Unterdrückung und sozialer Verletzung in Schutz zu nehmen und an die Stelle eines organisierten Kapitals eine menschengeneigte Ordnung zu setzen. Im geschichtlichen Verlauf und in der konkreten Umsetzung hat die Idee des Sozialismus, weitgehend unter marxistischen Einfluss geraten, ihrem Anspruch nicht entsprechen können. Sie hat ihre aus Vernunft und Moral abgeleitete Anziehungskraft verloren. Und doch ist die Idee des Sozialismus nicht abgetan. Allzu offensichtlich sind die Zerstörungen, die mit dem modernen Kapitalismus einhergehen. Sie halten eine gewisse Sehnsucht aufrecht nach einer anderen gesellschaftlichen Verfasstheit. Freilich ist kaum denkbar, dass der moderne Kapitalismus gleichsam aus besserer Einsicht sich dem Sozialismus beugen würde, und ebenso wenig vorstellbar ist die Geburt eines menschenwürdigen Sozialismus aus einer Katastrophe, einem ganzen gesellschaftlichen Zusammenbruch, aus reiner Not. Eine Katastrophe kann nicht notwendige Voraussetzung für die Verwirklichung des Sozialismus sein.

Vielleicht ist es nur die Idee, die Bedeutung haben kann; vielleicht ist es nur die Hoffnung gegen die Verhältnisse; vielleicht gehen die Vorstellungen, die sich mit dem Sozialismus verbinden, auf eine Form hin, in der sich das Menschliche am ehesten erhalten könnte. Die Idee des Sozialismus bewahrt Vorstellungen, Aspirationen und Sehnsüchte, die zum tiefsten Kern des Menschlichen gehören: der Glaube an das – jedenfalls der Möglichkeit nach – Gute im Menschen, an die Möglichkeit wechselseitiger Förderung, der Gleichheit, der Wendung gegen Macht und Unterdrückung, an die Möglichkeit der Moral, der Entfaltung und Emanzipation. Diese Vorstellungen zu bewahren, ist das, was der Idee des Sozialismus bleibende Aufgabe ist. Vielleicht ist »Sozialismus« eher eine Erinnerung der Alten als eine Vorstellung der Jungen. Es ist das Fehlen einer Perspektive aus der Gegenwart heraus, das der Idee des Sozialismus die Wirkkraft im Konkreten nimmt.

Es bleibt die Frage, ob utopisches Denken zu einem Leitbild gesellschaftlicher Entwicklung führen könnte. »Utopie« ist immer zwiespältig: sie verweigert sich der Bindung an das Konkrete, misst sich nicht an der Wirklichkeit und soll doch sie beeinflussen. Sie soll mehr sein als eine ins Unendliche verschobene Hoffnung, soll sich nicht in Ausmalung und Traumbildern ergehen. Utopie kann ins Ungefähre gehen, sie muss aber sich auch verstehen lassen als eine – wenn auch nur mittelbare – Kritik an gesellschaftlichen Verhältnissen. Es ist eine Kritik, die immer auch eine bewusste Überschreitung der Realität ist und so an die Bedeutung von Transzendenz und Fantasie erinnert. Utopie soll nicht Fantasie sein, sehr wohl aber soll sie erinnern an Fantasie und daran, dass die Wirklichkeit Zustand ist, nicht aber ein nicht überschreitbares Ende. In diesem Sinn hat die Utopie ein Recht darauf, zu bleiben und gegen ihre Entstellung zur »Dystopie« verteidigt zu werden.

322

Es geht nicht darum, eine alte Welt zu verteidigen, auch nicht um eine Ablehnung der modernen-technischen Welt; es geht darum, dass der Welt eine Nachdenklichkeit und ein Bewusstsein bleiben, das über alles Gegebene hinausgeht. Sie sollen verhindern, dass das je positiv Gegebene sich als unüberschreitbar behaupten kann und so jede Möglichkeit kritischen Geistes negiert oder unmöglich macht. Es ist die Metaphysik, die nicht mit Behauptungen, wohl aber mit Fragen einer Sicherheit im Falschen entgegentreten kann.

323

Metaphysik, recht verstanden, ist der Atem, ohne den die Gesellschaft an ihrer lastenden Materialität, ihrer Reduktion auf stumpfe Funktion und Berechnung ersticken könnte.

Nichts kann dem Anliegen des Klimaschutzes, des schonenden Umgangs mit Natur und Umwelt mehr entgegenkommen als das metaphysische Empfinden. Es geht notwendig auf Einbeziehung der Natur und ihrer Erhaltung. Es kann einer Transzendenz Raum lassen, die die Geschöpfe der Natur mit einem metaphysischen Schleier umgibt.

324

Die Metaphysik in der Form, wie sie dem abendländischen Denken vertraut ist, ist die Suche nach Antworten auf Fragen, die nach einer Ordnung des Denkens drängen: wie verhält sich das Einzelne zu den Vielen? Wie verhält sich die Idee zur Erscheinung, die Form zur Materie? Wie verhält sich Selbstbewusstsein zu Bewusstsein? Was bedeutet Subjektivität? Von diesen Fragen ausgehend, die sich durchaus mit Erkenntnis und Rationalität verbinden, kann sich eine Überlegtheit gewinnen lassen, die an ein Gefühl der Überlegenheit grenzen kann. Das ordnende Denken macht die Einrichtung in der Endlichkeit möglich ohne die Erschütterungen, die mit den existenziellen Fragen des Lebens verbunden sein können. Sie aufzugreifen ist aber nicht weniger eigentliche Aufgabe der Metaphysik. Sie besteht darin, den Fragen ihr Gewicht zu lassen und sich einzulassen auf den Umgang mit ihnen. Die Frage ist, welche Bedingungen der Möglichkeit nach gegeben sein müssen, damit ein solches metaphysisches Empfinden konkrete Bedeutung gewinnen könnte. Dass ein metaphysisches Bedürfnis besteht, ein Bedürfnis, von jenen metaphysischen Fragen nicht abzulassen, kann als gegeben genommen werden. Ein Bedürfnis aber schafft keine Realität und es findet nicht zwingend Befriedigung. Metaphysisches Empfinden kann unterdrückt oder ausgelöscht werden. Es kann absterben wie andere Bedürfnisse auch. Es kann aber auch durch die Bedingungen gefördert werden, wenn nur diese seiner Entstehung und seinem Bestand günstig sind.

Die objektiven Bedingungen in der konkreten Welt sind dem metaphysischen Empfinden nicht von vornherein gewogen. Die Gründe sind offensichtlich. Im Einzelnen sind sie in dem Buch »Von der Welt, wie sie ist und wie sie sein könnte« dargelegt. Die geistige Lage, genauer: die Lage in der Geisteswelt, wenn der Begriff sinnvoll ist, wird bestimmt durch die Betonung der Vernunft. Auseinandersetzungen, die über deren Bereich hinausgingen, sind selten. Das Setzen auf die Vernunft aber führt zu Aporien, wenn sich Fragen stellen, die für die Orientierung im Leben Bedeutung haben, mit der Vernunft allein aber sich nicht beantworten lassen. Für den Zuspruch zum moralischen Handeln genügt die Vernunft nicht. Die Religion steht schwach und mit geringer Bedeutung im privaten und öffentlichen Leben.

Hyperkapitalismus, verbunden mit hohem Gewicht der Technik und der Vorteile und Zerstörungen einer digitalisierten Welt, Kapitalkonzentrationen, gegen deren Macht kein Kraut gewachsen ist, Informationstechnologien, die den Rhythmus des Lebens, die Formen menschlichen Ausdrucks und Verhaltens bestimmen, die erzwungene Einübung in Konkurrenz und Wettbewerb auf allen Ebenen haben gegenüber dem, was menschliche Spontanität, Berührtheit, Sehnsucht oder Innigkeit darstellen könnten, die Oberhand gewonnen und so wird es bleiben mit einer zunehmenden Neigung zum Ausschluss von Alternativen, Abweichungen, kurz: zur Totalisierung in den Bereichen des gesellschaftlichen und wirtschaftlichen Lebens. Der geistigen Lage bleibt wenig anderes, als sich anzupassen. Aus eigener Kraft kann sie keinen Widerstand leisten. Sie soll ihre Aufgabe in angemessener kultureller, geistig anspruchsvoller Begleitung jener objektiv gegebenen Tendenzen und Mächte sehen, ohne sich allzu sehr durch Kritik oder Widerstand hervorzutun. Sie setzt auf die Internationalität, den großen Rahmen, kulturelle Ereignisse und hält sich fern von praktischen Fragen wie etwa der nach einer notwendigen, radikalen Eindämmung der Ungleichheit. Mit derlei Forderungen würde der Philosoph, dem die normative Gleichheit durchaus ein Anliegen ist, sich recht unbeliebt machen. Deshalb zieht er die Treue zu den Begriffen der Einlassung ins Konkrete vor.

So lässt sich theoretisch und praktisch an Begriffen festhalten, die in der konkreten gesellschaftlichen Gestaltung weder beschreibend noch normativ fraglose Geltung beanspruchen können. Das Festhalten an der »Vernunft« ist gegenüber der Unvernunft oder der ideologischen Verblendung richtig, sogar notwendig; die Vernunft aber, auf sich allein gestellt, wird selbst zur Unvernunft, wenn sie sich nicht stützen kann auf einen Zufluss aus anderen Quellen, die von der Vernunft allein sich nicht erfassen und nicht deuten lassen. Die Behauptung der Vernunft gerät ins Hilflose, wenn sie auch dort noch erhoben wird, wo die Wirklichkeit der Alltagswelt sie widerlegt. Dass wesentliche Entscheidungen in Wirtschaft und Politik dadurch zustande kämen, dass die Beteiligten sich in ein »Reich der Gründe« begeben, um sich dort interessenlos den jeweils besseren Gründen zu beugen, entspricht der Wirklichkeit durchaus nicht: Verhandlungen werden von den Interessen bestimmt, die in ihnen durchgesetzt werden sollen und der Vernunft kommt nicht selten als Funktion wenig mehr zu als eine Einkleidung von Interessen in das Gewand der Vernunft. Ähnlich verhält es sich mit Begriffen wie Kommunikation, kommunikatives Handeln und dergleichen. Auch der Hinweis auf die »Öffentlichkeit«, die im Vertrauen auf die Vernunft bestimmenden und korrigierenden Einfluss nehmen sollte, gleichsam als Tragepfeiler der im Übrigen dem Liberalismus überlassenen Gesellschaft, verliert an Eindruck in dem Maße, in dem einerseits organisierte Interessen, andererseits digitale Verkehrsformen der Öffentlichkeit die Luft nehmen, die sie zum Austausch, zum Streit und zur demokratischen Offenheit braucht.

325

Die Grundstimmung ist pessimistisch. Hoffnung, wo sie ist, ist Hoffnung gegen die Verhältnisse. Sie kann, eine Grundeinstellung zum Leben eher als ein Verhältnis zur konkreten Welt, leicht in Gefahr geraten, sich aus frei geschöpften Imaginationen nähren zu wollen. Allzu leicht schlägt in Enttäuschung um, was Daseinsfreude und Lebenssinn vermitteln sollte – nicht unähnlich der Utopie, die am Ende in der Dystopie ihren zeitgemäßeren Ausdruck findet. Die Hoffnung, um als Einstellung zu bleiben, muss sich immer neu begründen können in dem Gedanken, dass die gegebenen Verhältnisse nicht alles sind, was denkbar und was möglich ist.

Bedrohungen mit physischer Vernichtung, die Entfaltung totalitärer Staaten einerseits und totalisierender Gesellschaften andererseits lassen wenig Raum für Optimismus oder Vertrauen in die Zukunft und hoffen lassen sie nur dann, wenn die Hoffnung die Kraft hat, sich gegen die Verhältnisse zu behaupten.

Könnte es helfen, wenn die Philosophie »mythologisch« würde (Hölderlin), sie zu dichten und zu erzählen und in Bildern und Mythen sich zu fassen wüsste? Jedenfalls gibt es die dichtenden, sinnlich gewordenen Philosophen nicht. Darauf, dass es sie je geben könnte, lässt sich nicht bauen – ganz abgesehen davon, ob sie überhaupt förderlich und wünschenswert wären.

Mag die begründete Hoffnung nicht tragen und auch die Mythologie wenig Widerstandskraft vermitteln, bleiben doch der Antrieb oder gar die Pflicht, sich aufzulehnen gegen Verhältnisse, in denen der Mensch ein unfreies, von fremden Mächten bestimmtes Wesen wäre. Ohne einen tiefen Begriff von der Größe und der Würde des Menschen, wie er im Gang durch die Metaphysik gewonnen und begründet werden kann, und ohne Transzendenz bleibt der Impetus zur Auflehnung gegen Unterdrückung und verweigerte Würde schwach.

326

Immer hat die Rede von einer »anderen, besseren Welt« eine Doppelläufigkeit an sich: Sie kann ein konkretes Projekt mit konkreten Forderungen umreißen und gleichzeitig eine Vorstellung wahrer Freiheit und Würde, eines Lebens ohne Entfremdung ins Bild setzen, die jede Realität im Irdischen übersteigt. Revolutionärer Geist schöpft seine Energie nicht einfach aus Einsicht in notwendige ökonomische Umgestaltung; ohne metaphysisches Empfinden und daraus abgeleiteter Würde und Selbstachtung ist Auflehnung nicht vorstellbar. Woher sonst soll die radikale Kritik ihre Kraft, der öffentliche Gebrauch der Vernunft seinen Ausdruck nehmen? Was anderes könnte die Entschiedenheit und die Beharrlichkeit fördern, die es braucht, um sich gegen Unterdrückung, Kränkung und Erniedrigung einzusetzen? Was anderes als jener Begriff von der Größe und Würde des Menschen kann zum Widerstand veranlassen? Objektive Verhältnisse, mögen sie noch so elend sein, genügen nicht, wenn zu ihnen nicht das Bewusstsein hinzutritt und immer ein Begriff von menschlicher Würde, die es zu verteidigen gilt.

Im gleichen Maße, in dem das Bewusstsein von solcher Größe und Würde schrumpft, lösen sich auch die Fähigkeit und die Bereitschaft zu radikaler Kritik, zur öffentlichen Auseinandersetzung, zum Einsatz für Autonomie, Emanzipation und Gleichheit auf.

Es lässt sich nicht übersehen, dass es mit einer tragenden Sittlichkeit, einer gemeinsamen geübten Moral, einer lebendigen Teilnahme an der Entscheidungsfindung zu elementaren Fragen des politischen und persönlichen Lebens schlecht steht. Untauglich ist der Verweis auf den Einzelnen und seine Haltung. Er kann nicht in Verantwortung genommen werden, denn er hat nicht über die gesellschaftlichen Kräfte zu bestimmen. Er hat, gerade umgekehrt, einen gewissen Anspruch darauf, dass Träger des geistigen, gesellschaftlichen und politischen Lebens ihm in seiner Orientierung im Leben behilflich sind.

Gegengewichte zu jener grundsätzlichen Tendenz der Totalisierung gibt es nur wenige. Es fehlen die Vorstellungen, die Ermutigung aus der Geschichte, die Fantasien, die andere Wege weisen könnten. Die Verbindung – weniger aus gewollten und gewünschten Vorstellungen als vielmehr behaupteten oder realen Zwängen, etwa des Umweltschutzes, geboren – zwischen dem modernen internationalisierten Kapitalismus und dem, was als Rest des linken Liberalismus gelten mag, kann sich nicht mehr zur Aufgabe machen als Erhaltung und Sicherung des Bestandes.

327

Die Dimensionen der Zeit haben an Bedeutung verloren.

Die Vergangenheit wird als Gewicht verstanden, das dem freien, unbeschwerten Erleben der Gegenwart hinderlich ist. Die historisch gewachsenen gesellschaftlichen Figuren, Traditionen, Überzeugungen und Verhaltensweisen treten zurück. Es ist die Gegenwart, die sich selbst als Erklärungsgrund genügen soll. Nicht emanzipatorische Entwicklung soll es sein, die aus einer engen Welt in eine neue führen könnte, sondern ein Bruch. Disruption soll nicht nur Beschreibung, sondern auch Forderung sein. Wenn es so ist, verliert die Vergangenheit in ihrer Funktion als gesamtgesellschaftliche Tragekraft an Bedeutung. Die Gegenwart, Mittlerin zwischen Vergangenheit und Zukunft, kann ein Bewusstsein ihrer selbst nicht gewinnen, wenn sie den Bezug zur Vergangenheit verliert.

Die Zukunft, lange mit dem Begriff des »Fortschritts« – verstanden als ewiges Werden auf ein vorgestelltes Ziel hin – verbunden, ist umgeschlagen: sie ist nicht mehr Verheißung, sondern Drohung. Offener Krieg, für eine in weiter Ferne liegende Möglichkeit gehalten, ist zur Wirklichkeit geworden und erzeugt Furcht, Beklemmung, Leid und Schrecken. Umweltkatastrophen und Klimawandel stellen das Überleben der Erde im Ganzen infrage. Die existenzielle Sorge um den Fortbestand lässt die zeitlichen Dimensionen in den Hintergrund treten. Hinzukommt, dass die moderne Welt selbst ihren Blick und ihr Interesse ganz auf die Gegenwart gerichtet hat; neue Technologien, Hyperkapitalismus und Globalisierung tragen zu dieser Ausrichtung bei. Der gewollte Bruch mit der Vergangenheit und die gleichzeitige Abwertung der Zukunft als Gestaltungsraum können zu einer Zeitschrumpfung führen, zu einer Zeitvergessenheit, die macht, dass die Welt flach und leer erscheinen kann. Nur ein hohes Bewusstsein und eine durchgehaltene Anstrengung können gegen den Gang und den Zwang der Verhältnisse die notwendige Transzendenz auf die Dimensionen der Zeit hin ermöglichen. Woher aber soll die Gesellschaft die Kraft nehmen und den Antrieb zu einer solchen Anstrengung? Die Frage bleibt.

328

Könnte bei dieser Lage die Metaphysik einen – und sei's auch nur kleinen – Hinweis geben? Könnte sie sich widersetzen gegen eine Abstumpfung der menschlichen Sinne, gegen eine nur instrumentelle Betrachtung des menschlichen Lebens, gegen eine Herabwürdigung zum Objekt der Manipulation? Könnte sie im recht verstandenen Sinn dazu beitragen, dass offene Poren bleiben, durch die das Bedürfnis nach Autonomie und Freiheit und gleichzeitig Transzendenz, nach der Teilnahme an der Schönheit der Welt und des Lebens, sich äußern würde, ein Bedürfnis danach, dass der Person eine Integrität bleibt, die sich dem verwertenden Zugriff entziehen kann, und der Gesellschaft eine soziale Verfasstheit? Könnten solche Empfindungen, die bestimmt wären von wechselseitigem Wohlwollen, von Verständnis und dem Bemühen um individuelle und kollektive Moral, beitragen zu einer radikalen Kritik der gegebenen Verhältnisse? Auch wenn es nicht gut steht mit den Voraussetzungen des metaphysischen Empfindens und einer solchen Metaphysik der Alltäglichkeit, bleibt doch das, was mit ihm und ihr einhergeht. Es bleiben die Berührtheit, die Einlassung auf die Fragen, die Reflexion, der Austausch, das Schweigen. Es bleibt Nachdenklichkeit – nicht als lastend und grüblerisch genommen, sondern als ruhiges Verweilen bei sich und den Dingen, als Fließen der Gedanken und ernsthaftes Spielen, wie es sich aus der Einsicht in Zufall, Schicksal, Leben ergeben kann.

Es bleibt die Entgegensetzung gegen nicht demokratisch ausgewiesene Macht unter Berufung auf eigenes Nachdenken und Fragen. Es bleibt das, was Weisheit meinen kann, bedächtige Abwägung, die keine Gleichgültigkeit ist, die sehr wohl Partei nimmt gegen Ungleichheit, weil sie deren diskriminierende Wirkungen kennt, und gegen die Strukturen der Macht, weil sie deren Durchsetzungswille gegen alle menschlichen Interessen kennt. Und es bleibt die Solidarität, die gegen das Unrecht der Ungleichheit und gegen die Überlassung der gesellschaftlichen Entwicklung an totalisierende Kapitalinteressen auf das Gemeinsame, Verbindende, das Menschenwürdige setzt.

329

Könnte eine Metaphysik der Alltäglichkeit im oben dargelegten Sinn eine Fähigkeit zur Ergriffenheit und aus ihr heraus zur Solidarität mit anderen und ein ruhiges, nicht auf Ausbeutung und reiner Nutzung beruhendes Verhältnis zur Natur begünstigen? Das Bedürfnis nach Transzendenz, nach Überschreitung des Irdischen, das metaphysische Empfinden, gehören zu den Grundkonstituanten menschlichen Seins. Würden alle Bemühungen, sie zu erhalten, fehlschlagen, ginge wohl die Menschheit, wie wir sie kennen, einem natürlichen Ende entgegen: die Welt der Pflanzen und Tiere würde wohl freundlich ihre Reste empfangen (vorausgesetzt, dass diese Welt nicht vorher zerstört ist) – könnte einer sagen. Aber so ist es nicht: mit Windungen und Wendungen wird der Mensch sich halten. Er wird – von metaphysischem Empfinden geleitet – sich seiner Großartigkeit besinnen. Er wird im ihn tragenden Fragen und Staunen bleiben. Es ist, wenn man so will, eine a-religiöse Religiosität, die eine solche Haltung tragen kann: eine nachdenklich-offene Religiosität, die nicht auf der Absicherung durch den Glauben besteht, auf Formen und Dogmen als tragende Elemente verzichtet und die doch etwas vermitteln kann von dem, was dem Leben Bedeutung, Wert und Würde verleiht.

330

Das sind die Elemente, von denen das Leben handelt. Reichen sie hin, um einen Begriff zu vermitteln von dem, was mit ihrem Verschwinden oder Versinken im Unverstand verloren ginge, von dem, was es braucht, um die Welt den Menschen zu erhalten?

Es geht nicht einfach darum, das Leben leichter zu machen – es geht darum, das Leben als Möglichkeit, als Möglichkeitsgrund für die Verbindung mit der Größe und Schönheit der Welt zu verstehen und in den Bedingungen zu erhalten. Das ist dem schwer genug, der sich aus empfundener Notwendigkeit oder Moral gegen den Verfall der Welt setzt und Orientierung sucht. Auf Unterstützung aus den gesellschaftlichen Verhältnissen kann er nicht bauen. Und kein Gott verbürgt, so weiß er, dass die Welt im Ganzen ein Ort des Menschen sein könnte und, wo sie es ist, bleiben wird.

Das Weltganze, von dem wir geltende Gesetze wohl kennen, nicht aber innerste Gründe, geht seinen Gang; ihm bedeuten wir wenig. Uns trägt die Fähigkeit zu Fragen und zum Denken und das Bewusstsein, das wir haben von den Dingen der Welt und von uns selbst. So sind wir wenig mehr als nichts und haben doch eine Größe, die Ehrfurcht erzeugt.

Vertrauend, zweifelnd, hoffend bleiben die Menschen, im Staunen, im Wissen und im Fragen zugleich.

KLAUS ZIMMERMANN

Von der Welt, wie sie ist
und wie sie sein könnte

Eine Verteidigung des Menschen

Wunderhorn

220 Seiten, Klappenbroschur, 2019
ISBN: 978-3-88423-619-2

»Dieses Buch ist eine gute Analyse unserer modernen Welt. Sie fordert den Leser auf, nicht alles bedenkenlos anzunehmen, sondern es aktiv zu hinterfragen.«

Ursula Ploschnik, *abenteuer philosophie*

www.wunderhorn.de